もめる相続
もめない相続
カギとなるのは
不動産

家族の幸せと
財産をつなぐ
不動産コンサルティング

川瀬太志　矢部智仁

住宅新報社

はじめに

あなたは、相続に対してしっかり備えていますか？

お父様。あなたはご自分が亡くなった後、相続人である奥様や子どもたちがもめることなく、スムーズに資産は承継されると、自信を持って言えますか？

お母様。あなたはご主人が亡くなられたときに、それほど問題なく相続を終えられたのだから、ご自分の相続のときも大丈夫だと考えていませんか？

相続人であるお子様たち。あなた方はお父様、お母様がどこにどんな不動産資産を保有しているのかご存知ですか？　どの銀行に口座を持っているのか、すべてをご存知ですか？　相続税がかかるのかかからないのか、かかるとしたらどれくらいの納税資金を用意しておかなければならないのかを把握していますか？　ご兄弟の間で、遺産分割でもめることはないと、自信を持って言えますか？

家族がみな平穏で健やかに暮らしているときに、相続を意識することはあまりないかもしれません。しかし、相続はある日突然やってきます。高齢のお父様が倒れて亡くなったという悲劇が起きた後、相続が現実的な問題として目の前にやってきます。多くの人は相続に慣れていませんし、知識もありません。相続税の申告はいつまでにしなければならないのか。それまでにどんな手続きを取らないといけないのか。そもそもどこにどんな資産があるのか。

わからないことばかりの相続を何も準備せずに迎えると、家族にとって大切な資産や家族間の絆が失われてしまうような事態になることもあるのです。

相続問題を抱える家族を争族にしないためにも、住宅不動産業者はいったい何ができるのでしょうか。その答えのひとつがこの本には書かれています。この大相続時代、住宅不動産業者には多くの相続の相談が寄せられることでしょう。不動産の相続問題解決のヒントとして、本書を活用していただければ幸いです。

川瀬太志

Contents

Contents

第4章

地域の不動産価値向上とこれから求められる住生活関連サービス産業

Contents

第1章

地域の住宅不動産市場の現状

「相続トラブルは起こらない、だから相続対策はしていない」が８割

住宅・不動産コンサルティングのハイアス・アンド・カンパニー株式会社で行った相続に関するアンケート調査（※）を見ると、相続に対する意識の低い現状がみて取れます。

Ｑ１　相続する資産に対する考え方は？（被相続人：相続財産を渡す側）
・できる限り配偶者には残したい……47・９％
・できる限り子供には残したい……31・８％
・できる限り自分で使い切りたい……９・９％
・誰ということではないが残したい……７・０％

Ｑ２　Ｑ１の回答の理由は？

・自分の資産は自分（および配偶者）で使いたいから……40・4％
・相続争いの原因を作りたくないから……30・5％
・相続人に世話になった（なっている）代償だから……19・1％

まず、被相続人を対象に、相続する資産に対する考え方を聞いたところ、「できる限り配偶者には残したい」（47・9％）が最も割合が高く、次いで「できる限り子どもには残したい」（31・8％）、「できる限り自分で使い切りたい」（9・9％）という結果となりました。

その回答理由で、最も割合が高かったのは、「自分の資産は自分（および配偶者）で使いたいから」が40・4％ですが、次に多かった回答は、「相続争いの原因を作りたくないから」（30・5％）でした。相続人である子どもたちのことを考えたときに、資産はトラブルになる、だからトラブルの種になるようなものは残したくない、という考えが強いようです。

Q3　相続に際し、もめ事は起こらないと思いますか？
・起こらないと思う……34・4％
・おそらく起こらないと思う……48・1％
・おそらく起こると思う……13・3％
・起こると思う……4・2％

相続に際し、もめ事は起こらないと思うかどうかを聞いたところ、「起こらないと思う（34・4％）」、「おそらく起こらないと思う（48・1％）」を合わせて約8割強の人たちが、相続トラブルについて楽観的です。

Q4　何か相続対策はしていますか？
・何もしていない……81・0％
・生命保険への加入……7・5％
・遺言書……7・3％

・生前贈与……3・1％

Q5　相続対策をしていない理由は何ですか？
（Q4で「何もしていない」と回答した方）
・対策するほどの資産がないから……52・3％
・時期尚早だと思うから……36・4％
・対策の取り方がわからないから……10・0％

相続対策について聞いたところなんと、「何もしていない」が81・0％と圧倒的です。相続対策を何もしていない理由は、「対策するほどの資産がないから」が52・3％と半数以上となりました。資産が多くないから相続対策はしていない、という方たちが多いのです。

※「相続意識調査概要」

（1）調査名：「相続に関する意識調査」

（2）調査方法：ハイアス・アンド・カンパニー株式会社の運営サイト上でのアンケートにて選択式で回答を得た。

（3）調査期間：２０１４（平成26）年2月8日～2月16日

（4）有効回答数：２０５８名

（被相続人　n＝５４６、相続人　n＝１５１２）

（被相続人：20代１・３％、30代３・３％、40代11・４％、50代28・６％、60代以上55・５％）

（相続人：20代６・９％、30代19・２％、40代31・３％、50代30・３％、60代以上12・２％）

相続意識調査の結果から浮かび上がる課題とは？

このアンケート結果をまとめると、一般の方の相続に対する意識は、以下のようになります。

・「自分たちの財産は自分たちで使いきるつもり」
・「なぜなら相続トラブルを避けたいから」
・「でも、財産が少ないから相続争いは起きないと思っている」
・「だから特段の相続対策はしていない」

この意識レベルの低さは、とても心配になります。そもそも、相続はいつ発生するかわかりません。「お父さんが急に倒れた」「思いもよらぬ事故にあった」など、いつか来ると思いながらも、不意に発生するのが相続です。亡くなるまでに財産を使い切りたいと思っていても、必ずいくばくかの現金資産や自宅などの不動産資産は残るものです。

「まったく準備をしていないところに、財産が残った状態で相続が発生する」

これが相続トラブルのはじまりです。

前出のアンケートでは、約8割の人たちが「相続でもめ事は起きない」と回答していました。そして、相続準備をしていない理由のおよそ半数は、「対策するほどの資

図1 遺産分割事件の件数（審判＋調停）の推移

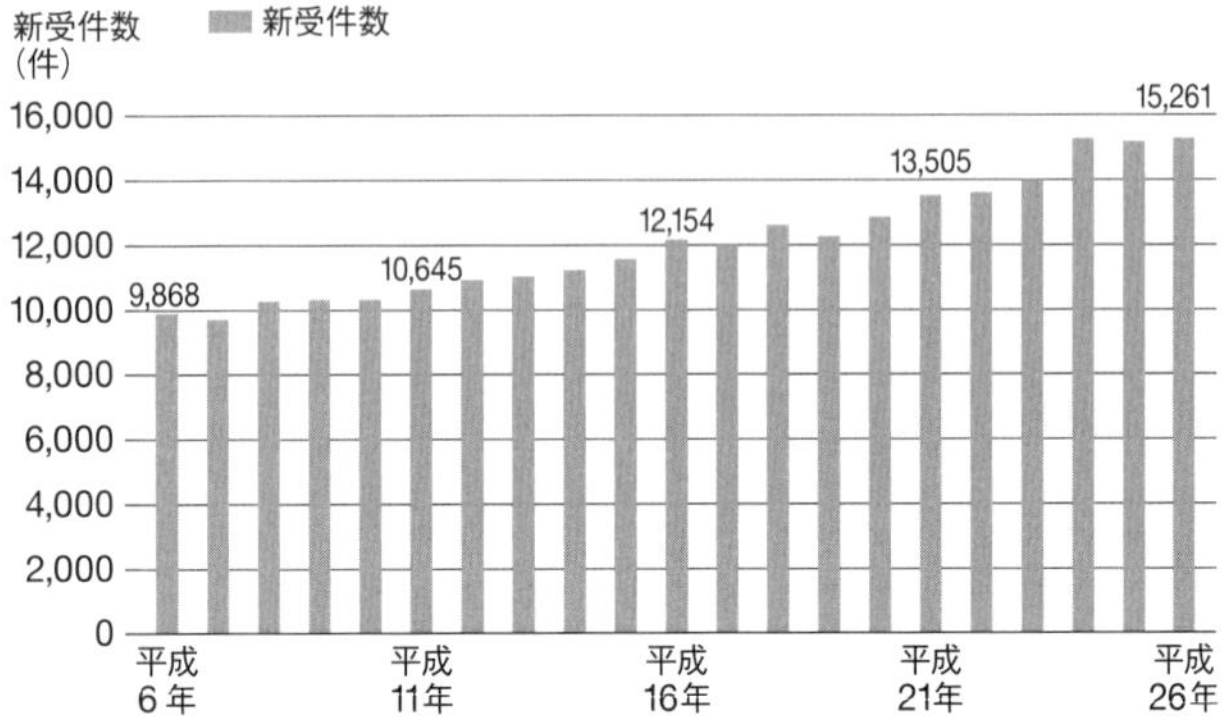

※本図における新受件数は、調停としての係属と審判としての係属を別個に見た数値であり、例えば調停事件が不成立となって審判移行した場合には、審判事件の新受件数が1件増える扱いとなる前提が採られている。
出典：最高裁判所「司法統計年報」（家事事件編）

産がないから」と回答しています。

しかし、現実にはトラブルは年々増加しています。相続のトラブルが親族間だけで解決できないくらいこじれてしまったら、最終的には裁判ということになります。実は、裁判にまでもつれ込む相続トラブルは年々増加しているのです（図1参照）。

裁判にまでもつれこんでしまったらもはや「相続」は「争族」です。家族の絆は失われるどころか、憎しみしか残らないことになるでしょう。

では、いったいいくらの遺産をめぐって争っているのでしょうか？

司法統計年報によると、遺産分割事件の

75・9％は5000万円以下の遺産額をめぐって争われています（図2参照）。2015（平成27）年の改正で相続税の基礎控除額は、3000万円＋600万円×相続人数になりましたが、改正前は基礎控除額5000万円＋1000万円×相続人数でした。つまり、この統計時点では5000万円以下の遺産というのは、相続税がかからない人たちです。

「ウチはそんなに資産家じゃないから大丈夫だ」という人がいます。そういう人ほど要注意なのです。おそらくそう考えているから、なんの準備もしていないのでしょう。しかし、相続トラブルは財産の多い少ないとは関係がないのです。

私が受けた過去の相談には、「亡くなったおじいちゃんの口座にあった200万円の貯金をどちらがどれだけ受け取るか」で、兄弟が絶縁する結果になったこともあります。

つまり、相続トラブルでいちばん多いのは「遺産分割」です。どの財産を誰が、どれくらい受け継ぐのか、ということでもめるのです。

2015（平成27）年1月の相続税の改正以降、相続に対する関心は高まっていま

図2 遺産分割事件の対象金額別の内訳

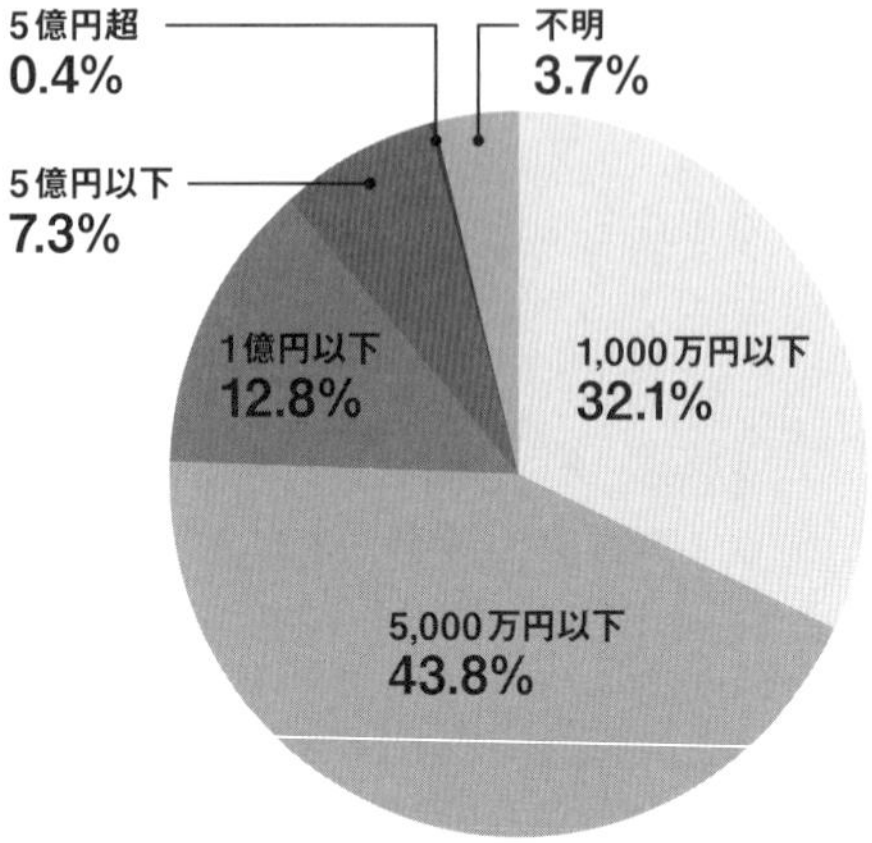

出典：最高裁判所「平成27年司法統計年報」

す。テレビや雑誌などでも、相続をテーマにトラブル事例などが頻繁に取り上げられるようになっています。そんな昨今、「自分の場合は大丈夫だろうか？」「相続税はいくらになるのだろうか？」「自宅などの不動産は誰にどのように相続させたらいいのだろうか？」というような不安を持たれている方は確実に増えています。

しかし、不安を持っていても、相続をする側もされる側も、ほとんどの人は準備のためのアクションを何も起こしていません。そして、相続をめぐるトラブルも増え続けているのが現実なのです。

大相続時代の到来
相続税のこれまでとこれから

2015（平成27）年1月の税制改正で、相続税は基礎控除額が引き下げられるとともに、最高税率も50％から55％と増税になりました。相続税収は年間約1・9兆円であり、政府としては貴重な財源です。

相続税収の推移をみますと、近年のピークは、バブルの余韻がまだ残っていた1993（平成5）年の2・9兆円でした。その後、基本的に下落傾向が続きましたが、リーマンショック後の2010（平成22）年を底に反転しました（図3参照）。2017（平成29）年度は増税効果が本格的に表れるとともに、相続不動産評価の基準となっている路線価が2％ほど上昇していることもあって、2兆円を突破するものとみられています。

ここで、相続税の歴史を簡単に振り返ってみます。GHQの指導の下、最高税率は1950（昭和25）年に90％に引き上げられました。また、長男が財産を相続する家

図3 相続税の課税件数割合及び相続税・贈与税収の推移

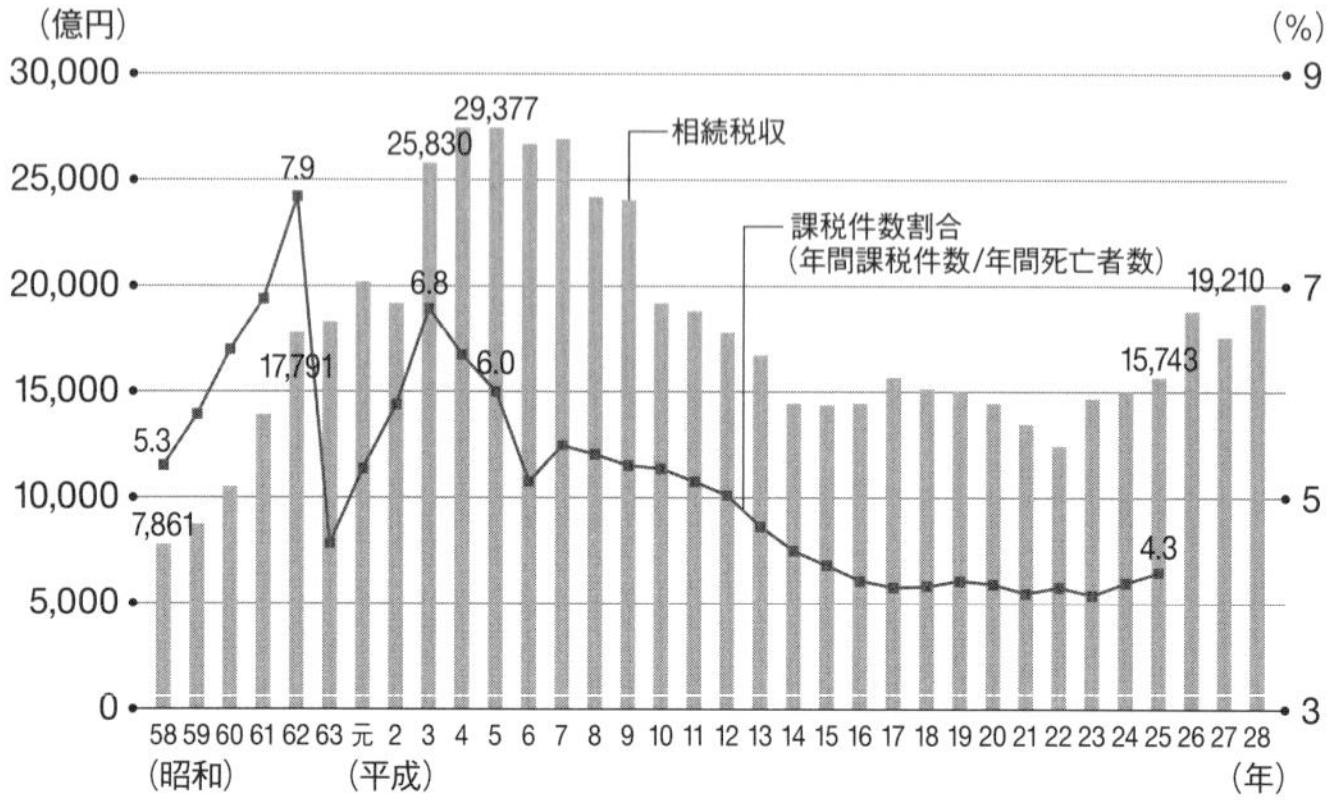

出典：財務省ホームページより

督相続制度も改められました。財閥や富裕層からの富の分散が目的だったといわれています。その後、最高税率は段階的に引き下げられて、１９８８（昭和63）年の改正で70％に、そして２００３（平成15）年の改正で50％まで引き下げられました。

しかし、２０１５（平成27）年には一転して増税の方向になりました。

この相続税ですが、世界に目を転じますと、廃止または縮小の方向に向いている国が多くあります。カナダとオーストラリアは１９７０年代に廃止。１９９２年にはニュージーランド、２００４年にはスウェーデンも相続税をなくしました。アジアでもインド、マレーシア、シンガポール、中国などには相続税がありません。

どの国も富裕層を呼び込みたいという思惑があるからだと思われます。

ドイツ、フランス、イギリスには相続税はありますが、最高税率はそれぞれ30%、45%、40%と日本よりも低い設定になっています。アメリカは、一度廃止したのちに社会の高齢化を見据えてまた復活して、現在の最高税率は40%ですが、最低課税額が高く、相続税がかかるのは6億円超の富裕層のみです。

世界的に廃止・軽減の方向に向かっている相続税ですが、日本だけは、これまでの引き下げから増税になりました。この方向性の違いはなんでしょうか。

これは日本特有の「事情」があるからだと思います。

そしてその「事情」のために、日本だけはこれからも相続税がさらに増税に向かう可能性があると思います。

では日本特有の「事情」とはなんでしょうか。それは日本の財産構成にヒントがあります。

図4 世帯主の年齢階級別1世帯当たり資産額（二人以上の世帯）

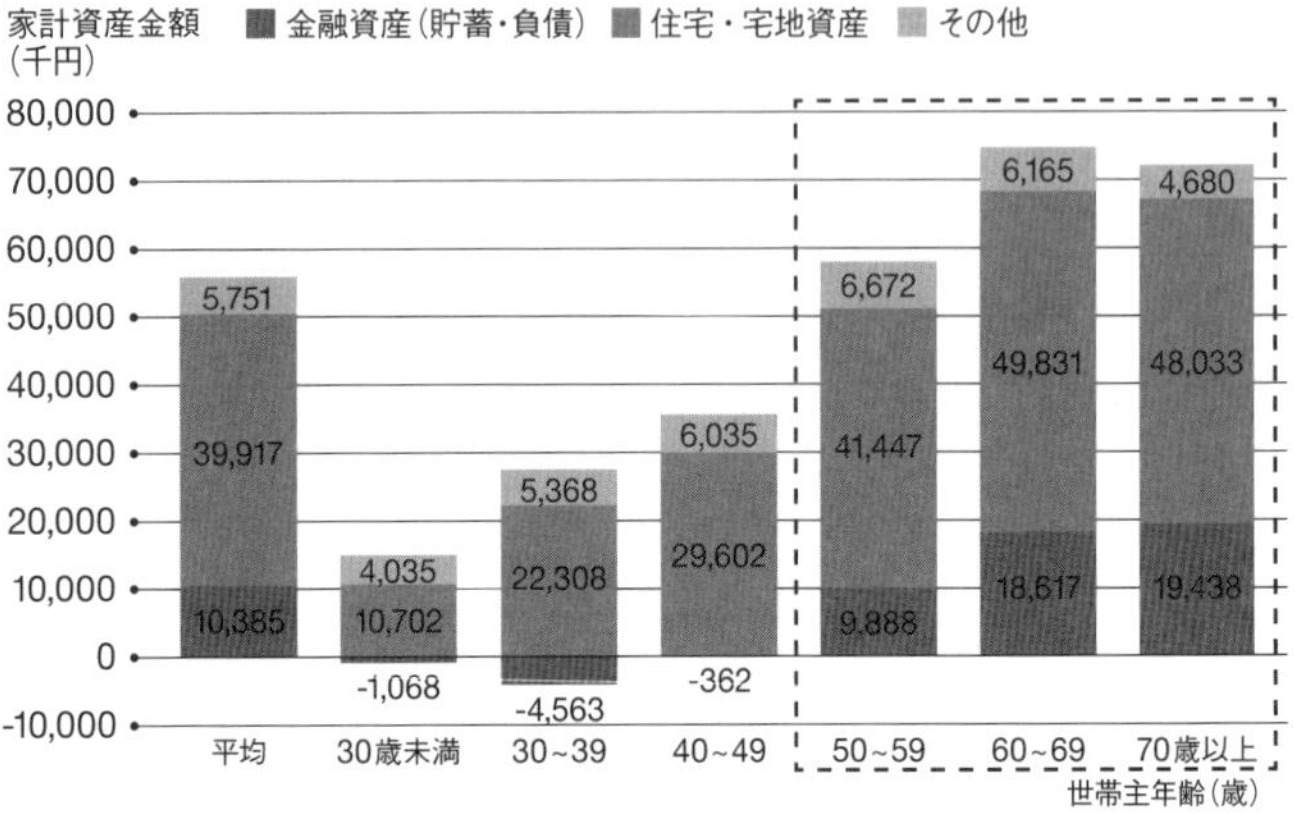

出典：総務省統計局「平成26年 全国消費実態調査」

日本特有の相続事情をもたらす財産構成の「2つの偏り」

日本の財産構成には、2つの大きな偏りがあります。図4をご覧ください。これは日本の財産分布を世代別と構成別にみたものです。まず、ひとつめの偏りは「世代間の偏り」です。

日本の財産の約7割は世帯主が50代以上のシニア世代に偏在しています。60代、70代の世代に限ってみても、5割以上あります。逆にマイホーム購入や教育資金など子育てにお金がかかる30代、40代の世代には、ほとんど純金融資産がありません。

シニア世代は健康不安や年金不安などもあってなかなかお金を消費しない。一方で消費ニーズの高い現役世代にはお金がない。これがいつまでたっても日本経済の消費が活性化しない一因だともいわれています。

このシニア世代が多くの資産を保有する状況を、金融庁は2016（平成28）年9月の金融レポートの中で次のように分析しています。

『この結果は高齢化により人口構成が変化してきたこととともに、家計の資産形成の多くの部分を退職金に依存してきたことが要因である』

つまり、日本では退職金を手にする60歳から資産形成が始まるということです。おそらく30代から40代は、勤労所得の多くを住宅ローンの返済と子育て・教育資金で使い切ってしまいます。教育と住宅ローンが終わる60歳の前後に、退職金や保険の満期金などを受け取って、ようやく金融資産が形成されます。

そして、そのころに相続資産も受け取ることになるのでしょう。現在、日本の平均寿命は男性79歳、女性86歳です。人口統計によると、68％の方が80歳を超えて亡くなられます。そうしますと、おそらく相続人であるその子どもの年齢は、50代後半から

60代前半くらいでしょう。

つまり、日本では、長年にわたってコツコツと資産形成をするのではなく、退職金や保険の満期金、相続などで、50代後半から60代にかけて、いっきに資産が形成されるのが一般的なプロセスなのです。投資の経験が蓄積されないまま老後の入り口である60代を迎え、そのときにようやく金融資産が形成されたとしても、どう運用してよいのかわからないのが普通でしょう。むしろ多くの方が、運用というよりも老後を控えてできるだけ財産を減らしたくない、つまり「リスクは取りたくない」という考えに至るのも無理はないのではないでしょうか。こうして資産がシニア世代に抱え込まれることになるのです。

消費を活性化するとともに税収を増やしたい政府としては、このシニア世代の家計にある膨大な財産を次世代に早く移転させたいのだろうと思います。だから税制にもそれが反映されるのです。つまり、財産をもったまま亡くなるなら相続税を課します、その一方で現役世代に必要なお金を生前贈与するなら、用途によっては優遇します、ということです。これが相続税増税と贈与の住宅資金・教育資金の非課税枠の拡大の背景です。

　この財産移転を促進するような、相続税増税＋贈与税の優遇はしばらく続くと考えられます。なぜなら、日本の人口構成がより高齢化に進むからです。日本の人口でいちばんのボリュームゾーンは、今まさに相続財産を手にしている団塊世代（１９４７（昭和22）年～１９４９（昭和24）年生まれ）の人たちです。そして、次に多い世代は団塊世代ジュニア（１９７１（昭和46）年～１９７４（昭和49）年生まれ）です。つまり、相続件数がピークに達するのは団塊世代の人たちが平均寿命に達するころ、すなわち今から15～20年後くらいということになります。そういう意味では、この相続・贈与を起点とした財産移転市場は、向こう20年にわたって拡大を続ける成長市場であるといえます。

　これが、日本特有の「事情」のひとつめです。

　２つめの偏りは「財産構成の偏り」です。図４（総務省統計局のグラフ）の一番左が財産内訳の平均です。

　合計で５６０５万円ありますが、そのうちの３９９１万円が住宅・宅地資産です。

つまり、家計資産の約7割は不動産に偏っています。純金融資産が1038万円ですから、不動産資産は純金融資産のおよそ4倍あることになります。

この膨大な額の財産が、相続を起点に世代間移転をしていくわけです。ここに少し課税するだけで税収が確保できるわけなので、相続税を廃止するようなことはなかなかできないわけです。

日本の資産家や富裕層は、不動産資産家なのです。不動産は持って移動することができません。だから富裕層への誘因として相続税を廃止する諸外国が多いなか、日本は国内に資産を有する資産家からの納税がかなり見込めるわけです。この家計に膨大な不動産資産があるということが、日本が相続税において独自の制度設計を進めている、もうひとつの「事情」です。

まとめますと、日本の資産の7割は50歳以上のシニア世代に偏在しています。そしてその7割は不動産です。この莫大な資産が、これから数十年をかけて、シニア世代から次世代に移転していきます。その相続の際に、資産をどう評価するか、誰に引き継がせるのか、納税資金は確保できているのか、といったことが問題になります。本来であれば、この問題に備えておく必要があるわけですが、冒頭のアンケートでみたように8割以上の人たちは、自分たちには関係がないとして、まったく備えていないのです。特にいちばんもめるのは遺産分割ですが、いちばん分けにくいのが不動産です。ひとつしかない自宅を複数の相続人でどう分けたらよいのでしょうか。農地を転用して相続対策で建てたひとつしかない賃貸マンションは、どうしたらよいのでしょうか。こういったことを、相続人や被相続人の当事者たちは、深く考えて準備をすることなく相続を、迎えることになります。大相続時代を迎えると、相続トラブルは大きな社会問題になることが予想されます。

相続は誰に相談するか

相続を社会問題化させないためには、相続に備えるための社会的な基盤整備が必要です。例えば、相続について準備や対応を助言するプロを整備することもひとつです。

再び前出のアンケートからです。

Q5　相続相談は誰にしていますか（しようとしていますか）？

・誰に相談したら良いかわからない……48・9％
・血縁者……15・0％
・弁護士……11・4％
・司法書士……7・7％
・税理士……7・5％
・銀行……5・3％
・不動産会社……3・8％

相続相談を誰にしているか（しようと思うか）を聞いたところ、「誰に相談したらよいかわからない」が約半数で最も多く、その次が「血縁者」です。この2つの回答を合わせると、約64％は専門家に相談しないことになります。

これが、今の相続相談における実態です。相続は事前の準備が大切であるにもかかわらず、誰に相談するべきかという相談先に対する社会的な共通認識も、その相談の受け皿となる社会的基盤もないのです。

相続対策は簡単ではありません。法律や税制、金融や不動産の知識が必要になります。また当事者同士だけでの話し合いは、感情のもつれから無用なトラブルになることもあります。そういう意味でも、専門的な知識と経験を持ったプロが、第三者的に関与するのは有効です。そういう相続専門のプロに、誰もが手軽にアクセスできる基盤を整備する必要があります。

では、誰がその任務を担うのでしょうか？

アンケートでは相談する専門家として、「弁護士」「司法書士」「税理士」「銀行」「不動産会社」という順番になりました。それぞれ確かに重要な役割を担っています。税理士は相続税の納税業務の知識を持っています。遺産分割協議や紛争となったときには、弁護士や司法書士など法曹関係者が力になってくれます。銀行などの金融機関は金融資産の管理を業務としてやっています。

しかし、どの専門家も、実は相続発生後を主たる業務としています。相続で大事なのは事前準備です。なかでも大事なのは、不動産の扱いです。相続財産の7割は不動産です。相続でもめるのは相続税ではなく遺産分割であり、もっとも分けにくい財産は不動産です。つまり、相続準備のポイントは「不動産の扱いをどうするかを決めること」なのです。そう考えたとき、相続準備で相談すべき人は不動産のプロになります。不動産を調査したり、評価したりすることができて、納税資金を確保するための売却額試算や有効活用の選択肢の比較ができて、さらに建築や取引に精通しているプロに相談しなければなりません。不動産や建築に詳しい税理士さんや弁護士さんならいいですが、なかなかそういう人はいません。そこは地域の不動産事情に明るく、不動産の評価や取引に強い地元の不動産の専門家こそが、まずははじめの相談相手としてふさわしい存在なのです。

第2章

相続を起点とした
住宅不動産市場の
ビジネスチャンス

不動産業者が相続の相談相手となれなかった理由

相続でいちばん避けたいのは「親族間でもめること」です。もめるいちばんの理由は「遺産分割」です。どの財産を誰がどれくらい相続するのか。そこに感情が絡んできますと、相続が「争族」になってしまいます。そして、財産の中でも分けにくい資産は不動産です。その不動産が平均的に財産の約7割を占めています。つまり、相続では不動産の扱いがいちばんのカギであり、相続対策とは所有不動産をどうするかを決めることにほかなりません。そこにプロとして関与すべきは、税理士でも司法書士でもありません。不動産に関する専門的な知識と豊富な取引経験を持ち、地域の不動産事情にも明るい地元の不動産業者ということになります。

しかし、ここにひとつ問題があります。実は多くの不動産業者は相続相談をやらないのです。

相続は、不動産を中心とした財産が移転するタイミングであり、不動産業者にとって多くのビジネスチャンスがあるように思えますが、なぜ多くの不動産業者は相続相談をやらないのでしょうか？

まず、不動産会社の営業スタイルを説明します。

おもに、不動産物件の売買の仲介をメイン事業としている不動産仲介会社の主たる収益源は、売買仲介手数料です。物件の売買が成立したときに物件価格の３％を売主、または買主から受領します。売主、買主の双方から仲介を依頼されていた場合には、両者から３％ずつの合計６％を受領します。

会社として仲介手数料を毎月コンスタントに上げるために、そこで働く営業担当者たちには、通常、実績に応じたインセンティブ（報酬）が設定されています。営業担当者は自分の給料を稼ぐために、毎月1件でも多く成約を上げようと努めます。これは1社だけでなく、ほぼすべての不動産仲介会社がそうなっていますので、その地域での不動産売買案件に対しては、多くの不動産担当者がものすごいスピードで関わろうとします。結果的に、不動産仲介営業に求められるいちばんの資質は「スピード」

ということになります。

例えば、住宅購入でいうと、住宅購入検討者に対してどこよりも速く物件を紹介し、「これはいい物件ですよ。すぐ売れてしまいますよ」などと説明して意思決定を迫ります。早ければ、売り情報が出て1週間と経たずに契約に至ることもあります。なかなか意思決定しない時間のかかりそうなお客様は追わず、短期間で決着がつき手数料が上げやすい取引に、自分の限られた時間を使います。

さらに言うと、できれば一度の取引で6％の手数料を取るために、できる限り自社で売却依頼を受託している物件を買ってもらうように、誘導する傾向にあります。自社の売却受託物件を直接買い客に仲介すると、双方から3％ずつ、計6％を受け取ることができるからです。仲介報酬が増えることは営業担当者にとってはインセンティブが増えることになりますから、こういう物件こそが、営業担当者が「売りたい物件」ということになります。

「ウチにしかない物件情報があります」という誘い文句を使って、購入希望のお客様を誘導している営業担当者もいるという話は、よく耳にします。

不動産仲介会社の営業担当者は、スピード重視、インセンティブ重視で営業を進めます。そのため、自分、もしくは自社にとって良い取引になるように、場合によっては顧客に対して、情報を隠したり、小出しにしたりしながら、意図的にお客様を誘導していくのです。なぜこんなことができるのかというと、不動産においては、お客様が持っている知識・経験・情報と、不動産仲介担当者が持っている知識・経験・情報の差が大きいからです。不動産を買うというのは、普通の人にとっては一生のうちに何度もあることではありません。そのため、ほとんどのお客様は不動産購入において「素人」です。「素人」対「プロ」ですから、そこには大きな「情報格差」が存在することになります。営業担当者は、契約のスピードを速めるために、この情報格差を意識的になのか、無自覚的なのかはともかくとして、利用しています。営業担当者が「売りたい」物件を買ってもらうためのシナリオで営業を展開していき、購入検討者はそのシナリオに乗って判断してしまうというケースが多くあるのです。

このようになってしまうのも、一般のお客様が不動産の物件情報や不動産取引にかかる税金や法律などを知らないことに起因しています。確かに不動産取引には、物件情報、市況や相場、税金、法律、建築知識など必要となる専門知識は多いのですが、その知識を一般の人がすべて身につけてから不動産を購入するなどというのは、まったく合理的ではありません。

本来は、こういう情報格差があるからこそ、不動産営業担当者は、お客様がわからないことを丁寧に説明して、公正中立に不動産を紹介していくべきなのです。しかし、一方で彼らにはスピードが求められています。ゆっくりやっているうちに、他社の営業担当者に案件を持っていかれたら、元も子もありません。

こうした営業スタイルで仕事をしていると、相続相談というのはいくらビジネスになるといわれても、スピード感がまったく合わない業務ということになります。相続はいつ発生するかわかりません。今、相談を受けても、相続が発生するのは10年後かもしれません。そういう仕事に時間を使うのは、毎月勝負をしている仲介担当者としては合理的ではないということになるのです。

実は先行き厳しい不動産業界

ここに、不動産業界がこれから直面するであろう問題点があります。

不動産業は情報産業です。これまでは、どこよりも早く情報を入手し、どこよりも多く情報を持つことが成功要因でした。その情報に価値があるので、隠したり、小出しにしたりして、ある意味、情報格差でもうけてきた側面がありました。しかし、これは情報が流通する仕組みがなく、また不動産取引が毎月相当量発生する右肩上がりの時代だったから成立したことでした。

すでに不動産売買の情報は、インターネットの普及や商慣習の変化、業界のモラルの向上などにより、急激にオープン化に向かっています。誰もが物件情報や専門的な知識にアクセスできるようになってきました。そうなると、情報格差を利用するというよりも、どれだけプロとしてのサービスができるかという、対応力での勝負になってきます。

また、人口減少に伴い市場が縮小していくなか、これまでのように物件がどんどん売れるという時代ではなくなります。お客様もじっくりと物件を吟味します。どうしても契約までのスピードは落ちていきます。

ここからみえる業界の課題は２つあります。

まずは営業担当者のスキルの向上です。これからはお客様への対応力が、より一層重要になってきます。求められるスキルは、お客様の要望に耳を傾け、現状のニーズを整理・分析して、よりよい選択肢を提示し、それぞれのリスクとリターンをわかりやすく説明して、お客様の意思決定をサポートすること。いわゆる問題解決型のコンサルティングスキルが不可欠です。

もうひとつは経営スタイルの転換です。これまでのような情報格差を利用したスピード型の経営ではなく、ひとりのお客様からの高い満足度に基づく、リピート型の経営に転換しないといけません。一人ひとりのお客様に丁寧な対応をして、取引に心から満足していただく。そして、友人などを紹介してもらったり、次の取引のときにも指名してもらったりというスタイルへの転換が必要とされてきているのです。

地域の会社の仕事は地域の不動産価値を守ること

そんななか、先見性のある不動産会社が、相続市場に対してまじめに取り組みをはじめています。

これまで不動産業界では、「時間がかかりすぎる」「相談だけしてビジネスにつながらない」「不動産以外の税制や法律など専門的な知識が多い」というような理由で敬遠されてきた相続市場ですが、時代は時々刻々と変化しています。今や「相続はわれわれこそが窓口となるべき」という考えを持つ不動産会社が現れてきているのです。

まず、大手不動産会社が相続相談サービスの展開を始めました。しかし、大手ですから、あくまでも1件当たりの効率を求めざるを得ないのでしょう、その対象は一定以上の不動産資産を持った富裕層のみにとどまっています。

そもそも、不動産は地域に根差したものです。地域ごとに歴史があり、特性があります。そう考えると、相続などに際しての不動産の相談は、地元を知り尽くした地域密着で事業を行っている地元の会社が行うべきです。このなかには不動産会社だけでなく、同じく地域密着で事業を行っている建築会社なども含まれるでしょう。建築会社も不動産会社と同様に、住宅新築市場が小さくなっていくなか、相続市場に大きな関心を持っています。

地元の会社は、経営の範囲が地元地域に限られますから、経営規模は小さい会社がほとんどです。その分、1件の取引当たりの効率をそれほど求める必要がありません。1件の取引よりも、ひとりのお客様、1組の家族とのつながりを深めることのほうが後々のことを考えても重要なのです。

地元の不動産会社や建築会社の経営基盤は、地元の不動産価値です。不動産は、商品のように製造してどこかへ運んで販売するということができません。地元に存在し続け、地元で流通します。つまり、地元の不動産の資産価値が下がり続けることは、地元の不動産会社や建築会社のような住関連事業者にとっては経営基盤が弱くなっていくことにほかならず、企業として存続していくことができなくなっていきます。

地域の活性化こそが、地元の住関連事業者の生命線です。地域の不動産を適正に維持管理し、最適な利用をして、価値を落とさずに次世代に承継していくこと。これは地元の住関連事業者にとって、経営を維持していくためにも、とても大事なことなのです。

この起点となるのが相続なのです。きちんとした相続対策を取らなかったために、相続人の間でもめ事が発生して、引き取り手が決まらずに不動産が放置状態になったり、空き家になる自宅が増えたりすることは、地域の不動産価値を低下させていくことにもつながっていきます。

不動産のプロとして、そういう状況を地域にもたらさないことが大事だという考えに至った会社が、相続市場に参入しています。それは自社のビジネスチャンスというよりも、地元の不動産価値を守り、自社の経営基盤を守るためです。そのために、一人ひとりのお客様がいずれ相続を迎えるときに直面するであろう問題に、事前に関与することが大事だと気付き始めたのです。

税理士や弁護士、司法書士、金融機関はそもそも不動産のプロではないし、相続発生後にこそ本来業務が発生する人たちです。相続が発生する前の対策の相談には本気になってくれないと考えたほうがよいでしょう。また不動産のプロであっても、大手の不動産会社は地価の高い都心部の富裕層しか相手にしていません。

相続相談の窓口としての機能を果たすべきなのは、地域に根差した地元の不動産会社や建築会社のなかで、相続市場に取り組む意欲がある会社です。そういう相続に強い住関連事業者こそが、相続が発生する前に相続相談を受け付けるべきなのです。そして、市場環境が変わるなか、地元の不動産会社や建築会社のなかにもそうすべきであると認識するところが現れて、すでに対応を始めています。そういう時代がようやく到来したのです。本来あるべき姿に向かっているといえます。これは地域の不動産価値を落とさないという意味で、地方創生の基本でもあると考えます。

日本から相続トラブルがなくなる日

あとは、お客様側の認知の問題です。

前述したように、一般のお客様は、そもそも相続についてあまりに無自覚で無防備です。ご家族の永続的な幸せと大切な資産の維持のためにも、相続については財産の多寡にかかわらず、すべての世帯で準備しておくべきです。

では、どう準備するのか。

相続準備は専門的な知識が不可欠です。思い込みでコトを進めると思わぬ落とし穴があることもあります。これまで申し上げてきたように、相続において最も注意すべきは不動産の扱いです。しかし、ほとんどの方は相続相談を誰にすべきかを知りません。

すでに、相続分野に積極的に関わっている不動産のプロは存在します。次章以降で、これまでの情報格差をベースとした営業スタイルとは一線を画し、中立公正なスタンスで、不動産取引や相続相談にあたっている、相続と不動産のプロたちの事例をご紹介します。

「相続とは不動産の扱いを決めることであり、事前相談には地元を知り尽くした相続知識のある不動産のプロが関わるべきである」

このことが一般の方の常識となり、相続と不動産のプロたちが珍しい存在ではなくなったとき、その日こそが日本から相続トラブルがなくなる日でしょう。

第3章

先進的な
不動産コンサルタント

この章では、相続相談や空き家対策において、従来のように情報格差を利用するどころか、情報を徹底的に開示するという逆転の発想で相談者の「家族の幸せ」や地元の不動産価値を守るという、地域密着の不動産会社ならではの「はたらき方」を実践している3名のプロをご紹介します。

紹介する事例は、いずれも「時間がかかる」「相談だけになるかもしれない」「取引に関わる知識以上の専門的な知識が必要となる」という、遠回りで地道な活動をしている印象を受けるかもしれませんが、実はこうしたケースが、相続相談や地域不動産の再生ビジネスへの積極的な取り組みであると同時に、時代の変化や社会の変化にいち早く対応した、地域密着不動産会社のひとつのあり方となるのです。

ケース1『節税よりも家族の気持ちを優先してみんなが幸せな相続に』では、大澤さんの一言が、相談者の最も大切にしたかったことへの気付きを呼び起こしました。その大前提には、取引のときだけの付き合いではない、大澤さんと相談者との日常的な信頼関係があります。だからこそ、家族の背景を踏まえた家族一人ひとりの〝想い〟を引き出し、受け止め、寄り添うことができ、相談者とその家族が本当に進めるべき相続準備を考え、提案できたのだと思います。文中にある「売れるのはあなただけです」という大澤さんの言葉は、一見すると顧客の意向に沿わない遠回りの提案にみえますが、相続が終わった後に、相談者の家族すべてが幸せになってほしいという強い思いが現れています。

ケース2『右も左も分からない「代襲相続」に光を与える「データ」と「選択肢」』は、未来の不動産業のあり方を見据えた山口さんの新たな挑戦の話です。土地活用策として収益建物の建設を提案する営業マンだった時代のゴールは、アパートやマンションを建てていただくという〝仕事〟上の目標達成、つまり自分のための行動であったのだと振り返ります。そこから、本当に資産を持つ家族のためになる〝はたらき〟を実践するため、山口さんは不動産取引を生業としない、提案によって相談者の利益を生み出す〝不動産コンサルティング〟ビジネスへと転身します。相談者や家族それぞれの思いが実現できるかを踏まえ、家族の資産が本当に資産となっているかを整理し、データに基づいた具体的な提案を行うことで、相談者と家族が未来の資産を守るための適切な選択を判断できるようにする、そんな支援をされています。

ケース3『急死した夫。突然遺され困惑する妻を安心させたナンバーワンセールスレディーのモットーとは？』での、山坂さんの話にある女性ならではの〝寄り添う〟スタイルは、相続相談が女性の活躍の場となることを大いに予感させます。相続相談の場面では、時に相続税額が少なくなるとか、公平な分割を実現できるといった合理的な選択ではなく、相談者が自らの安心感を優先するような感情的な選択が優る場合があります。そうした状況でも、山坂さんのように相談者に寄り添う姿勢を徹底し、そのうえで合理的な選択肢を目に見える形で提示することこそ、最終的に相談者とその家族の「納得」を導き出すことにつながるのです。

以上の3名の事例から、今後の不動産業者の目指すべき方向性がみえてくるはずです。ぜひ、相続相談や地域不動産の再生ビジネスに取り組む際の参考にしてください。

ケース01 節税よりも家族の気持ちを優先して みんなが幸せな相続に

問題解決に導いたコンサルタントは

》大澤《おおさわ》健司《けんじ》さん

茨城県で不動産売買・開発、賃貸管理に従事し、その後不動産相続コンサルティングを始める。2016年に独立後、千葉県柏市に拠点を移し、「幸せをつなぐ相続アドバイザー」として、相続や賃貸経営に悩む方々に寄り添い、支えるパートナーでありたいと活動している。
公認不動産コンサルティングマスター実務研修講師、早稲田大学大学院 ファイナンス研究科での講演のほか、不動産オーナー向けの相続勉強会を毎週開催している。

社名：株式会社K-コンサルティング
住所：千葉県柏市柏4-6-3 新栄ビル5階
相続コンサルティング、資産有効活用・賃貸経営に関するアドバイスなど、不動産オーナーに特化した総合不動産コンサルティングを行う。相続勉強会、賃貸経営勉強会などを通じて顧客から信頼を得て、地域での相談窓口となることを目指している。

相続の知識を切り口にコンサルティングを開始

大澤健司さんは、千葉県の株式会社K-コンサルティングで不動産相続の業務を行っています。

以前の会社では大手フランチャイズチェーンに加盟し、不動産管理や仲介業をおもに行ってきましたが、大澤さんは、このままでいいのだろうかという気持ちを抱いていたと言います。地元の人口は減り、地価も下落を続けていました。1件の賃貸仲介を行っても家賃は2万円程度のものもあり、その手数料はいくらにもなりません。今の事業を続けていっても先はないのではないかと不安だったそうです。

そんなとき、大澤さんはある事件に遭います。朝、出社をすると、営業担当者に声をかけられました。見てみると、自社で管理をしていたはずの物件が、知らないうちに売りに出されているのです。しかも物件を扱っているのは地元のライバル会社となっています。どういうことかと、その物件のオーナーに問い合わせて確認をしてみると、オーナーは亡くなり、不動産は娘さんが相続をしていました。しかし、不動産経営のことがわからない娘さんは、税理士に相談をし、そこで紹介を受けた不動産会社で物件を売却することに決めてしまったそうなのです。

大澤さんの会社にとってみると、今まで長年管理をしてきた物件からの管理手数料収入が得られなくなるばかりか、不動産の売買案件までライバル社に取られ、大きな痛手となりました。大澤さんは、どうして不動産を管理している自社に相談してくれなかったのだろうかと悔やむと同時に、不動産が動くタイミングに相談をしてもらえるように、不動産オーナーとの信頼関係を築いておく必要性を痛感したといいます。そしてそれには、相続の知識を持っておくことが有効で、相続の知識を切り口として、不動産オーナーとの関係を積極的に広げていくことができれば、そこから不動産の売買などの案件を得ることができるのではないかと考えました。

大澤さんは個人的に相続の勉強を始め、社長に進言して、社内に相続の知識を切り口としてコンサルティングを行う部署を設立。相続の相談に応じられるということをオーナーに伝えるために、試行錯誤を繰り返し、相続の勉強会を開催することを決めました。初めは見様見真似での開催だったということですが、根気強く定期的に開催を続けるうちに、オーナーの方から相談を受けることが増えてきたといいます。現在は相続の知識を切り口にした不動産コンサルティングを一層強化し、多くの顧客の問題解決に取り組んでいます。

余命2年と宣告され相続の悩みが発生

茨城県に住むAさんは、賃貸業を営む不動産オーナー。先代から引き継いだ土地を活用して、事業を大きくしてきたやり手オーナーで、豪放磊落な性格です。

そんなAさんに、相続の悩みが発生したきっかけは、自身が肺がんと宣告されたことでした。余命2年と医師に言われ、現在営んでいる賃貸業をどのように相続させればいいか考えることになったのです。

Aさんのおもな不動産は、茨城県内にある約3000㎡の敷地に建てた、戸数100戸を超える大規模社宅です。先祖代々受け継いだ土地にAさんが建てたもので、現在は一部上場企業が一括して賃借人となっている優良物件であり、年間賃料収入は、約6000万円ほどです。

その他、同じ敷地内に約500㎡のビルがあり、1階を店舗として賃貸に出し、2階を自宅として使用しています。また、約990㎡の貸地と約165㎡の住宅用地も取得していて、これらをすべて合わせると年間の賃料収入は約7000万円にのぼります。

ほかに、預金が約3000万円、社宅を建てた際の借入金の残債が約1億円、返済期間は5年残っていました。つまり、不動産・現金を含めると、かなり大きな資産があり、かつ借入金も残っているという状態だったのです。

ある日、社宅の管理を任せている不動産会社の担当者・大澤健司さんから連絡があり、「相続の勉強会をするので、ぜひ参加してほしい」と言われました。付き合いのある担当者でもあり、何より相続の話が聞けるとあって、試しに参加してみることにしました。

勉強会に参加して大澤さんに相続の知識があるとわかったAさんは、軽い気持ちで相談してみることにしました。

複雑な家族構成と家族の意見の食い違い

Aさんの悩みは、賃貸業の相続についてでした。Aさんは、自分亡き後の妻の老後を心配し、とにかく世話になった妻に今後お金のことで苦労させたくない、社宅の潤沢な収入を妻に渡してやりたい、と考えていました。また長男と長女はそれぞれ独立して事業を行っているので、賃貸業を任せるよりは今の事業を続けさせてやりたいと思っていました。しかし、相談を持ちかけられた大澤さんがよくよく話を聞いてみると、実際はもう少し複雑だったのです。

その要因のひとつが、Aさん一家の家族構成です。

Aさんの妻は実は後妻で、Aさんは前妻との間にすでに成人した長男と長女がいました。また、後妻であるAさんの妻も再婚で、前夫との間にもうけ、前夫が引き取った子どもが2人いるのです。

この場合、Aさん亡き後の法定相続人はAさんの現在の妻、さらにAさんの実子で

図5 家族の意見

Aさん

妻には世話になったので、これから苦労させないだけのものを遺してやりたい。
できれば社宅の収入を渡してやりたいが、妻が亡くなった後、妻の実子たちが相続することになり、
それでは子どもたちが面白くないのではないか？
長男・長女はすでに独立してそれぞれ事業を行っているので、賃貸業だけでやっていくよりも、今の事業を続けたほうがいいだろう。

妻

私には賃貸業はできない。
借入れも1億円残っているなかで、社宅が解約にでもなったらと考えながら過ごしたくはない。

長男
（都心で不動産業を営んでいる）

社宅はこれから長く続かないと考えている。
いずれは解体することになったら、逆に負担になるのでは？

ある長男と長女の3人ですが、もしもAさんの遺産を妻が受け取った場合、妻が亡くなったら妻の実子である前夫との間に生まれた子どもたちにその遺産は引き継がれることになります。

　つまり、「妻に社宅を遺してやりたいが、そうすると妻の亡くなった後、妻の実子たちが社宅を相続することになってしまう。自分の興した事業とはいえ、先祖代々続く土地に建てた社宅。自分の実子である長男・長女も面白くないだろう」ということがAさんの最大の悩みどころだったのです。

　さらに、妻の意見を聞くと、「私に

は賃貸業をやっていくことはできない。借入れもまだ1億円近く残っているなかで、社宅が解約にでもなったらと不安を抱えて過ごしたくはない」と、Aさんの考えとは全く反対の答えが返ってきたのです。

しかし、妻がその意見をAさんに伝えたところ、怒られてしまったそうです。「自分が始めた事業なので、思い入れもあるのだと思います」と妻。

社宅の管理業務は大澤さんの会社が行っているとはいえ、何かトラブルがあったときや修繕時など、最終決断を下しお金を払うのはオーナーの仕事です。借入れも残っていて、毎年数百万円単位の固定資産税や管理手数料を支払う必要もあるので、賃貸業はすべて管理会社にお任せ、というわけにはいかない事業です。これまで全く賃貸業に携わってこなかった妻が、突然それらの業務を一手に担うのは、精神的負担が大きいこともよくわかります。

念のため、長男にも話を聞いてみました。Aさんの長男は、都内で不動産会社を起業し経営しています。「社宅は今後長く続く事業ではない」というのが長男の意見でした。上場企業といえども社宅を維持するのは容易ではない時代。大手企業も次々と社宅を手放していることを知っているので、長男は不安だったのです。現在は順調経営をしていても、解約になり、いずれ解体することにでもなったら、かえって負担になるのではないかと考えていました(図5参照)。

節税の視点で見ると当然不利でも、あえて社宅の売却を提案!

すべての条件、それぞれの意見に鑑みて、大澤さんがAさんに提案したのは、なんと社宅の売却でした。

「被相続人であるAさんの気持ちをまず第一に考えたとき、Aさんの望みとして『奥さんの老後資金を遺してやりたい』ということの優先順位が高かった。優先順位が決まれば後は単純で、ではその奥様がどうしたいと思っているのかを考えると、社宅を売却して残ったお金を奥様の老後資金に充て、賃貸業への精神的負担を取り除いてあげること。これが最善の方法だと思ったんです」と、大澤さんは言います。

妻の「不安を抱えて過ごしたくない」という言葉が大澤さんの心に引っかかりまし

た。不動産を遺す時点で、妻の不安は絶対に払拭できない、妻を優先するなら不動産を売るという選択肢しかなかったのです。しかも、Aさんの余命を考えると、ある程度のスピードで進める必要もあります。

しかし問題は、それをどうAさんに伝えるかでした。

Aさんの所有する社宅は、現在上場企業が一括で賃借している優良物件で、年間6000万円という潤沢な収入があります。また、Aさん自身「自分が事業を大きくしてきた」という自負もあるはずです。「売却する」という選択肢を考えていないからこそ、「どう遺すか」に悩んでいたのであり、それを提案するのは無謀なことのように思えました。

案の定、激怒したAさん その背中を押したひと言とは？

大澤さんの提案を聞いて、案の定、Aさんは怒り出しました。

「なんのためにあなたに相談したと思っているんですか？ 売却ならいつでもでき

るじゃないですか」と、Aさん。それも至極もっともな意見です。

大澤さんはわかりやすく試算の結果を交えながら、提案内容をもう少し細かく伝えました。

まず社宅を売却することなく、法定相続のとおりに相続した場合、かかる税金は相続税が約5800万円。一方で社宅を売却する場合、査定では約4億円です。

ただし、今売却をして現金に換えると、譲渡税が約2500万円かかるのに加え、相続税評価の減額がなくなるために、相続税が約7200万円かかることになります。売却をすると合計で約3900万円も多く税金を払うことになってしまいますが（図6参照）、長男と長女はそれぞれ現在の事業で生活していけるし、妻に負担がかかることもなくなります。

「家族には、財産を遺すよりも負担や不安を取り除いてあげることを優先してあげてはいかがでしょうか」

上手な節税対策の提案を期待していたAさんは、それでも「そんなに税金を払ってまで今売る必要があるんですか？　売るのなら今の借り手が解約になったときに売れ

図6 社宅を売却する場合とそのままの場合にかかる税額の比較

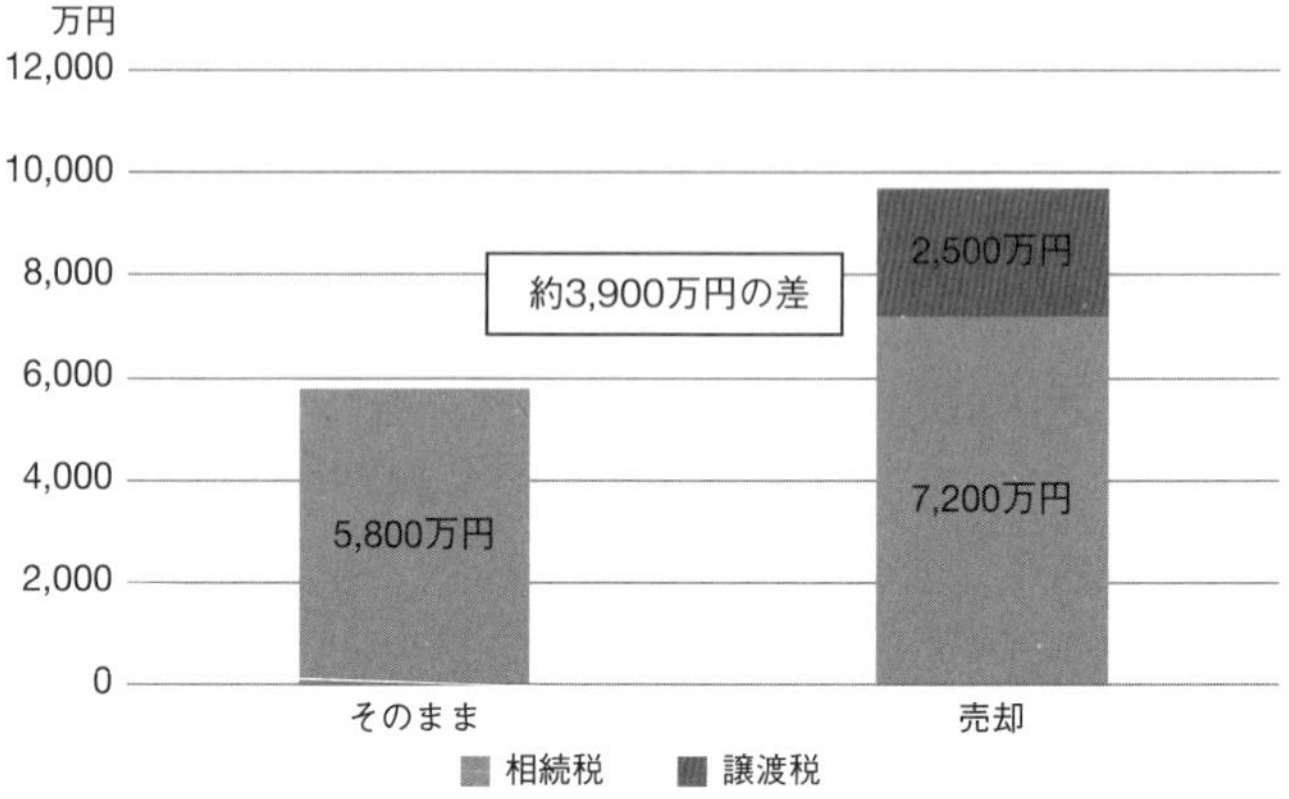

ばいい」と首を縦に振りません。

そこで、大澤さんはこう続けました。

「奥様は後妻さんのお立場です。もしも奥様が所有されてから解約になり、社宅を売却することになったとき、親せきやご近所からどう思われるでしょうか？　せっかくAさんが遺してくれた資産を後妻さんが全部売ってしまった！　と言われてしまうでしょう」

「あの社宅を売却できるのは、この事業を始めたAさんだけなんです」

それを聞いて、Aさんは「しばらく考えさせてほしい」と言いました。

家族の気持ちを第一に考え社宅の売却を決断

数週間後、Aさんが出した答えは、「社宅を売却する」でした。

Aさんはあの後、家族とよく話し合い、大澤さんの提案どおり、社宅を売却するのがいちばんいいと考えを改めたのです。

社宅だけでなく、同じ敷地にあった自宅兼店舗も売却。今住んでいる自宅は夫婦2人で暮らすには大きすぎることから、所有していた約165㎡の住宅用地に家を建て、そこで暮らすことにしました。

「大澤さんの言うように、家族のことを第一に考え、家族が望むようにすることにしました。後は大澤さんにお任せしますので、よろしくお願いします」。そう言ったAさんは、どこか安堵したような表情でした。

Aさんの決断を促したのは、「社宅を売れるのはあなただけです」という大澤さんの言葉でした。確かに、今社宅を売るのは投資の視点で見れば、ありえない選択です。

しかし、Aさん亡き後に解約となって妻が社宅を売ることになったら……。実は、Aさんはそこまでは考えてもいなかったのです。

あの日、大澤さんにそれを指摘されてやっとそこに気がつきました。売却したことで口さがない人たちに妻が何を言われるかと考えると、妻の気持ちがよくわかりました。もともと「私には賃貸業はできない」と言っていた妻です。いたたまれない気持ちになることでしょう。妻に不安を告白されても、事業のメリットのほうが優先だと考えていたAさん。大澤さんという第三者に冷静に指摘されたことで、目が覚めたのです。

そうと決まれば、後は大澤さんの腕の見せ所です。

社宅は借りている企業に買い取ってもらうのがいちばんいいと、現在の借主である上場企業に買取りの打診をしましたが、これは断られてしまいました。

ただ、大きな社宅は市場に出ると大変目立つため、Aさんにとっても借主にとっても悪影響が出る可能性があります。できれば売りに出すことは避けたいと考えていました。そこで、大澤さんは自身の勤める会社で社宅を買い取ることを提案。査定より

図7 Aさんの相続相関図

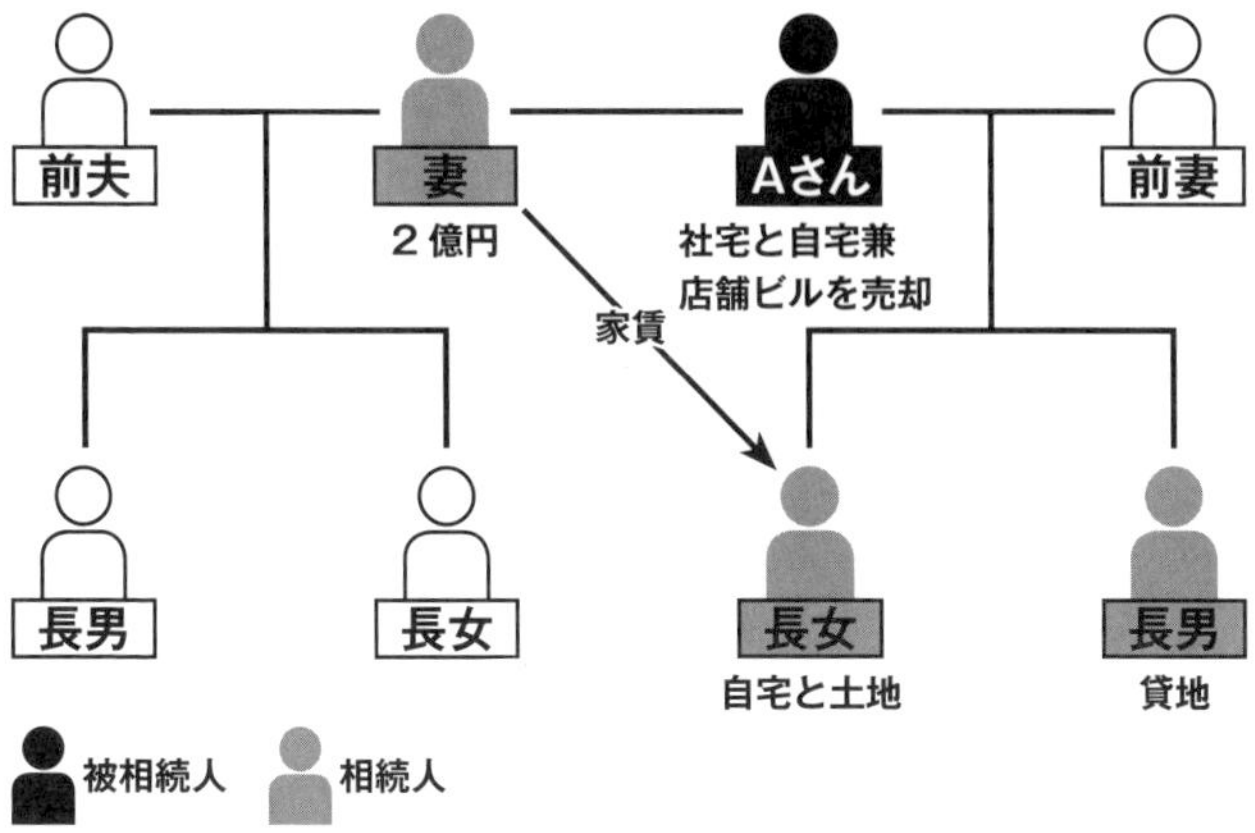

も安い値段での提案でしたが、「買取り価格が安くなり、私どもがもうかるだけだと思われるかもしれませんが、市場に出るリスクを考えると、Aさんにも借主にもそのほうがいいのではないかと思います」と丁寧に説明すると、Aさんはこれを快諾しました。

「思い残すことはない」Aさんの言葉に大澤さんも涙

結果として、Aさんは社宅と自宅兼店舗ビルを売却し、全部で約3億5000万円の収入になりました。さらに、税金や新居の建築費などを引いて、約2億円の現金が残りました。現金のほとんどは妻、残っている貸地を長男、新しく建てた自宅とその土地を長女がそれぞれ相続することに(図7参照)。

妻が暮らす新居は長女のものになるわけですが、長女が払う固定資産税分程度のお金を毎年妻が長女に家賃として支払えば、今後お互いに気兼ねなく付き合うことができるだろうとも、大澤さんはアドバイスしました。

不動産を処分する書類を作成した最後の日、ひととおりの手続きが済んだときにAさんが大澤さんの両手を握ってこう言いました。

「大澤さんにお願いしてよかった。私はあなたに出会えて本当によかった」

社宅の管理業務では、しばしばAさんに怒られていたという大澤さんは、突然の感謝の言葉に驚き、感動のあまり、その場で涙が流れてきたそうです。Aさんも病を抱えながら常々悩んできた相続の問題が無事解決し、家族みんなが笑顔になれたことに安堵して、そんな気持ちになれるよう導いてくれた大澤さんに、心から感謝していました。

Aさんが亡くなったあと、奥様から話を聞いたそうですが、その後肺がんが進行し、治療はせずに痛みを取ることを目的としたホスピス(緩和ケア病棟)に入ったAさん。

不動産相談をしたAさんご家族は

家族構成

Aさん、妻（後妻）、長男・長女（前妻との子）
※後妻には、前夫との間にすでに成人した子が2人いる

相談内容

がんにより余命2年と宣告されたAさん
現在、行っている賃貸業をどのように相続させればいいのだろうか

資産内容

・大規模社宅（土地約3,000㎡、建物約3,400㎡）
　年間家賃収入　約6,000万円
・同敷地内建物（建物約500㎡）1F貸店舗・2F自宅
　年間家賃収入　約500万円
・土地165㎡（住宅用地・現況更地）
・土地990㎡（貸地）年間賃料収入　約400万円
・その他、預金約3,000万円、社宅建設の借入金
　残債約1億円（残返済期間5年）

他の患者さんのひとりに「Aさん、Aさんはもう死ぬのがわかっていてどうしていつもそんなに穏やかなんですか？」と聞かれ、こう答えたのだそうです。

「生きているうちにやるべきことを全うしました。ずっと悩んでいたことを、ある方のおかげで解決でき、思い残すことはないんです。だから穏やかでいられるのかもしれません」

それは大澤さんのことなんですよ、と奥様から聞いて、不覚にもまた泣いてしまったという大澤さん。相続相談の仕事を始めて本当によかった、今後この仕事を一生続けていこうと思ったそうです。

Aさんが亡くなった後、遺言の執行も滞りなく済み、3カ月ですべての業務が無事終了しました。

遺言の作成、不動産の売却、遺言の執行、どの場面でも家族がもめることは一切なかったそうです。

大澤さんは、独立後の今の会社では、不動産相続の業務を専門で行っています。

相続相談というと、どうしても、いい節税対策の方法は？　といったことに関心が向きがちです。もちろん、それも大事なことですが、被相続人をはじめ、残される相続人たちのことを考えれば、それぞれが満足できる内容であることはとても重要なことではないでしょうか。Aさんのケースは、家族の立場や意見を第一優先としたことで、みんなが幸せになれた好事例だといえます。

ケース02 右も左もわからない「代襲相続」に光を与える「データ」と「選択肢」

問題解決に導いたコンサルタントは

≫ 山口《やまぐち》智輝《ともき》さん

建設会社で不動産活用の提案営業を13年間経験後、不動産コンサルタントとして独立。2015年11月に『大家業を引き継ぐあなたへ』(セルバ出版)を上梓。Amazonランキングにて1位(株主総会、取締役会、会社継承部門)を獲得する。「完全第三者の立場」で、事実をきちんと伝えながらクライアントの悩みや問題を解決し、希望を与えられるコンサルタントを目指している。(一社)日本不動産賃貸経営適正化協会 理事、(一財)日本不動産コミュニティー 福井支部長。

社 名:アセットクリエイションズ
住 所:福井県福井市宝永1丁目9-11 ASビル3F
URL:http://www.happyfudousan.com/
福井県福井市、坂井市、鯖江市を中心に空室改善、不動産活用、収益不動産取得サポートを中心とした不動産コンサルティングを行う。福井県の土地事情を知り尽くしたアドバイスで、地元顧客から多大な信頼を得ている。

土地活用の営業でオーナーへの提案に疑問が

アセットクリエイションズの山口智輝さんは、アパレル業界から不動産業界へ転職した変わり種です。大学を卒業したあとすぐにアパレル会社へ就職。店長を任されながら、全国に展開する新規店舗のオープン支援を行ってきました。そのなかで、テナントの内装デザイン工事に興味を持ち、地元福井の建設会社に転職したのです。

入社した建設会社では、まず土地活用の提案営業に配属されました。そこで実績を上げてからもともと興味のあった内装工事へ……と思っていたら、案外、土地活用の現場が肌に合っていたのか、結局営業として実績を残し、気がつけば月日が経っていました。土地活用の案件は動く金額が大きいので、受注すると社内や協力会社から喜ばれ、やりがいもあったと山口さん。しかし、そんな忙しい営業活動のなかで、いくつかの疑問が湧いてきたのです。

そのころ、営業の仕事は地主さんのところに飛び込みで訪問し、量を稼ぐというものでした。「人柄勝負というか、担当営業の相性というか、いかに地主さんに気に入ってもらえるかが成約のポイントでした」と言う山口さん。良い事業計画の提案や土地活用の必要性などは二の次で、何度も地主さんのもとに通い、信頼されれば契約が取れるような時代でした。仕事のゴールはあくまで「アパートやマンションを建てること」で、それが本当にオーナーのためになっているのかは、あまり重要視されていいなかったのです。

その結果、アパートを建ててわずか3年で空室が発生したり、たとえ満室であっても高額の借入れがあることに頭を悩ませたりしているオーナーを見るにつけ、山口さんは「本当にこれでいいのか？」と自問自答する日々を過ごすようになりました。

また、そんな営業をしていて思っていたのは、地主さんには情報格差があるということでした。「一部の勉強熱心な方を除いて、ほとんどの地主さんは今所有している土地の価値もわからないんです。福井の地主さんは年配の方が圧倒的に多く、土地の値段がどんどん上がっていったいい時代を知っている。今でも土地は置いておけばいつか上がるという『土地神話』を信じている人がたくさんいるんですよ」と山口さんは言います。先祖代々続く大事な土地を所有しながら、勧められるままにアパートを建てたり、ただ固定資産税を払い続けたりしている、あまりにも無防備な土地オーナーの姿にも、危機感を覚えたのです。

さらに時代は進み、特にリーマンショック後は、ただ「遊休地にアパートを建てましょう」という営業だけでは立ち行かなくなっていました。「地主さんは、『不動産屋に何かやらされるのではないか』と警戒しているし、ただ建てることが目的の営業だとすると、地主さんにとっていちばんいいと思われる方法を提案することができない」。山口さんはジレンマを抱えて、とうとう13間年勤めた会社を辞め、独立・起業することにしたのです。

賃貸経営専門の不動産コンサルタントに

そうして、たったひとりでアセットクリエイションズを立ち上げたのが、1年前のこと。現在は、迷える土地オーナーに適切な提案をするために、賃貸経営専門の不動産コンサルタントとして活躍しています。

しかも、「実際に賃貸経営をしたことがない不動産コンサルタントなんて、人から信用してもらえない」との思いから、なんと、自身で賃貸経営に乗り出しました。競売で全空物件を落札してリノベーションを施し、3カ月で満室にして、現在も満室稼働を継続させているのです。

土地活用に関する相談のニーズが高い福井では、賃貸経営のコンサルティングといっても、自然と不動産を含んだ資産の相続に関する相談も寄せられます。そこで山口さんは、土地オーナーにDMを送り、月に1回ほど相続のセミナーを開くようにしました。そのセミナーをきっかけに、前職時代から引き継いだ顧客のほかに、今では大小含めて20件ほどの新規顧客がつきました。

開業から1年で新規顧客が20件とは、簡単なようにみえて実はかなり難しいことです。というのも、山口さんの会社であるアセットクリエイションズは、いわゆる不動産屋が行う売買や賃貸、管理といった業務を執り行わず、純粋に不動産コンサルティングのみで営業しているからです。顧客と長く関係を続けるためには、そのコンサルタントの提案が顧客の利益に沿ったものであり続ける必要があり、顧客とコンサルタントとの間にしっかりとした信頼関係があることが欠かせません。また、不動産のコンサルティングという業務自体が、まだまだ日本の文化になじんでいるとはいえず、「ただの相談」に費用が発生するという認識が、特にオーナー側に希薄なことが、不動産コンサルティングという仕事の難しさといえます。

そんななかで、着々と顧客からの信頼を勝ち取ってきた山口さん。今は、不動産業者や家主が賃貸経営について勉強する、「福井実践する大家の会」の代表を務め、相続診断士の資格も取得して、コンサルタントや、セミナー講師として全国を飛び回る毎日です。

相続セミナーで出会った老人と代襲相続人の孫

ある日、山口さんがいつものように相続セミナーが終わった後で個別相談会を開いていると、そこにひとりの老人がやってきました。その老人Bさんは、自宅を中心とした土地と賃貸マンションなどを経営する資産家で、長男の息子、つまり孫に資産管理を任せたいが、間に入って話をしてくれないかと言うのです。

よくよく話を聞くと、後を継がせようと思っていたBさんの長男はすでに亡くなっていて、その長男の息子であるBさんの孫に、いわゆる代襲相続という形で跡取りになってもらう予定だとのことでした。ただ、その孫はまだ学生なので、相続の話をき

図8 Bさんの相続相関図

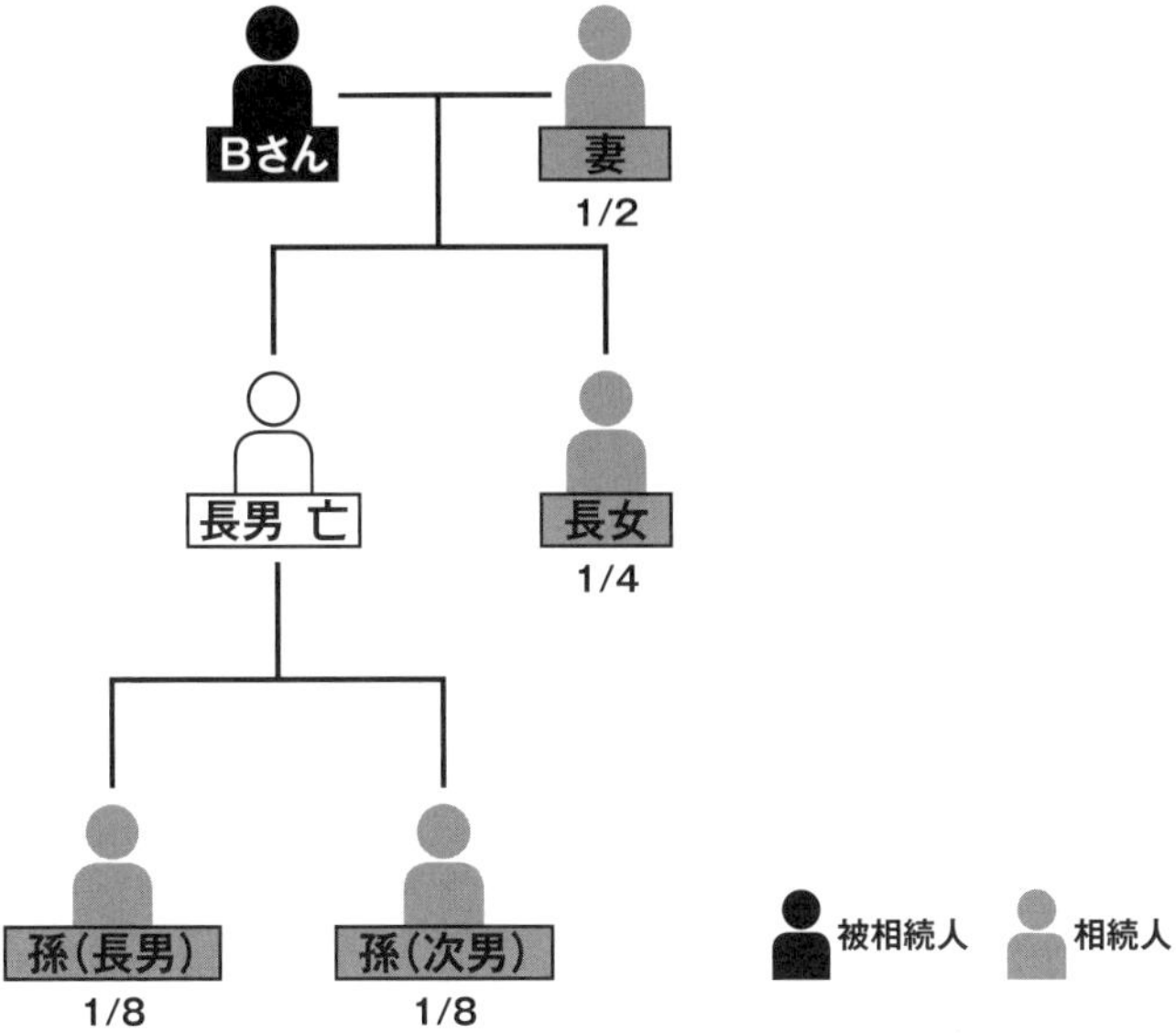

図9 家族の意見

Bさん

代襲相続する孫（長男）に、相続対策を含め資産管理をまかせていきたいが、まだ学生なのでどうしたらいいのかわからない。

孫(長男)
（就職後、資格取得のため退職し、専門学校へ）

相続のことは右も左もわからないが、相続税がいくらになるのか、支払い面が気がかり。

図10 Bさんの家族が法定どおりに相続した場合の相続税概算

①課税総遺産額を計算

相続評価額	47,000 万円
基礎控除額	5,400 万円
課税総遺産額	41,600 万円

②法定相続分どおりに相続したとして、相続税総額を計算

（単位：万円）

	法定相続分	税率	控除額	仮税額
妻（1/2）	20,800	45%	2,700	6,600
長女（1/4）	10,400	40%	1,700	2,460
孫（長男・1/8）	5,200	30%	700	860
孫（次男・1/8）	5,200	30%	700	860
			合計	10,840

③実際の配分に基づいて、各相続人の相続税額を計算

（単位：万円）

	相続税総額	実際の相続割合	実納付税額
妻	10,840	1/2	※
長女	10,840	1/4	2,710
孫（長男）	10,840	1/8	1,355
孫（次男）	10,840	1/8	1,355
		合計	5,420

※配偶者特別控除により非課税

ちんとしたことがないそうです。ちなみに、Bさんの妻と長女は存命で、亡くなった長男には2人の息子がいます。跡取りにと考えているのは、2人の息子のうち28歳の長男のほうでした（図9参照）。

話を聞いた山口さんは、とりあえず大雑把な資産の内訳を聞いて、どのくらいの相続税がかかるか試算をしてみました（図10参照）。すると、相続税は法定相続割合で5420万円と、Bさんがぼんやりと考えていた金額より、はるかに多くの税金がかかってくることがわかったのです。

Bさんには現金資産が2000万円ほどありますが、それでは相続税が払いきれないとわかってがくぜんとしました。

また、孫だけが相続するものと思っていたBさんですが、前述したようにBさんには妻と長女がおり、さらに亡くなった長男の息子は2人いるため、法定相続ではBさんが亡くなった場合の相続人は代襲相続人も含めると4人いることになります。もしも、そのまま法定相続どおりに相続されるとすれば、Bさんが跡取りにしたいと思っている孫には、実質全資産の8分の1しか譲れません（図8参照）。1人の孫だけに資産を集めたいと考えているのならば、当然遺言書が必要になりますが、Bさんはそのことも知らなかったのです。

どれを残してどれを売る？ 資産と負債に分類する作業

後日、改めてBさん宅を訪れた山口さん。そこには、約束どおり跡取りである孫もやってきていました。孫は28歳ですが、大学を卒業して就職した後、資格を取得するため現在は専門学校へ通っています。Bさんの望みである代襲相続については、ときどきBさんから聞かされていたため、なんとなく「自分が継ぐんだろうな」と理解はしていましたが、全く実感がなく、何をすればいいのかわからないということでした。

まず山口さんは、Bさんが固定資産の評価証明書を取り寄せてくれていたので、それで再度資産の総ざらいをしました。

Bさんの資産は95％が不動産資産で、賃貸マンションが1棟、テナントビルが1棟、その他自宅とその土地が約1500㎡、自宅周辺に点在する市街化農地である土地が5000㎡、預金が約2000万円、賃貸マンションを建てた際の残債が約500万円（1年後に完済予定）ありました。土地はほとんどが農地なので、そこからの収入はなく、固定資産税などはテナント等の収入からまかなっていました。

賃貸マンションは、亡き長男が建設会社に勤めていたころに、その会社の勧めで建てたものです。ちょうどバブル期に建設したため建築費が高くつき、借入額がかさんで返済に大変苦労しました。初期費用を回収するため家賃設定がバブル期のままだったので、相場に合わず、現在は空室も出てしまっていました。

賃貸マンションの年間家賃収入は約１０００万円、テナントビルは立地もよく満室稼働で約６００万円。その他の土地は住宅地の中に点在していて、そのうちのいくつかを現在Ｂさんが農地として使用していますが、孫は農業をするつもりがありません。

資産の洗い出しが済んだら、次は維持するもの、売却する可能性のあるもの、有効利用し収益を得ることができるもの、の３つに資産を分類しました。Ｂさんは、自宅を残したいという要望は持っていましたが、後のことは具体的に考えたことがありませんでした。漠然とすべて残せるだろうと思っていたので、前日の山口さんの話を受けて危機感を覚え、今日は早速具体的な提案を聞く準備ができていました。

山口さんの提案は以下のようでした。

まず、賃貸マンションは家賃が高いので、内装をリフォームして建物自体をバリューアップさせること。後日、実際にリフォームを施して、現在は満室で稼働するようになりました。テナントビルは立地がよく、しっかり回っているので、賃貸マンションとともに収益を得る資産として現状維持とします。もちろん、Ｂさんの望みどおり自宅とその土地はそのまま維持します。

問題は、点在する土地です。住宅地の中にあるものの、14筆に分かれていて、現在農地として使用している土地もあり、整理が必要でした。そこで山口さんは、売却して相続税の支払いに充てる土地、立地条件などから売却しにくい土地に分け、形状的に売却しにくい土地には戸建て賃貸を建てることを提案しました。

しかし、Bさんは賃貸マンションを建てるときに借金で苦労したことがあるため、今さら借入れをしてまで賃貸業務を増やしたくない、と考えていました。そのことも知っていて、山口さんはあえて戸建て賃貸を提案したのです。

「負の遺産」から「収益を生む資産」へ確かなデータで選択肢を与える

山口さんの考えは、戸建て賃貸は、持っているだけでマイナスを増やしていく「負の遺産」となっていた土地を、「収益物件」に変えるための最適な方法だというものでした。

戸建て賃貸は福井では競合が少なく、また1棟1000万円前後と初期の設備投資

図11 戸建て賃貸の事業収支計画

長期収支グラフの例

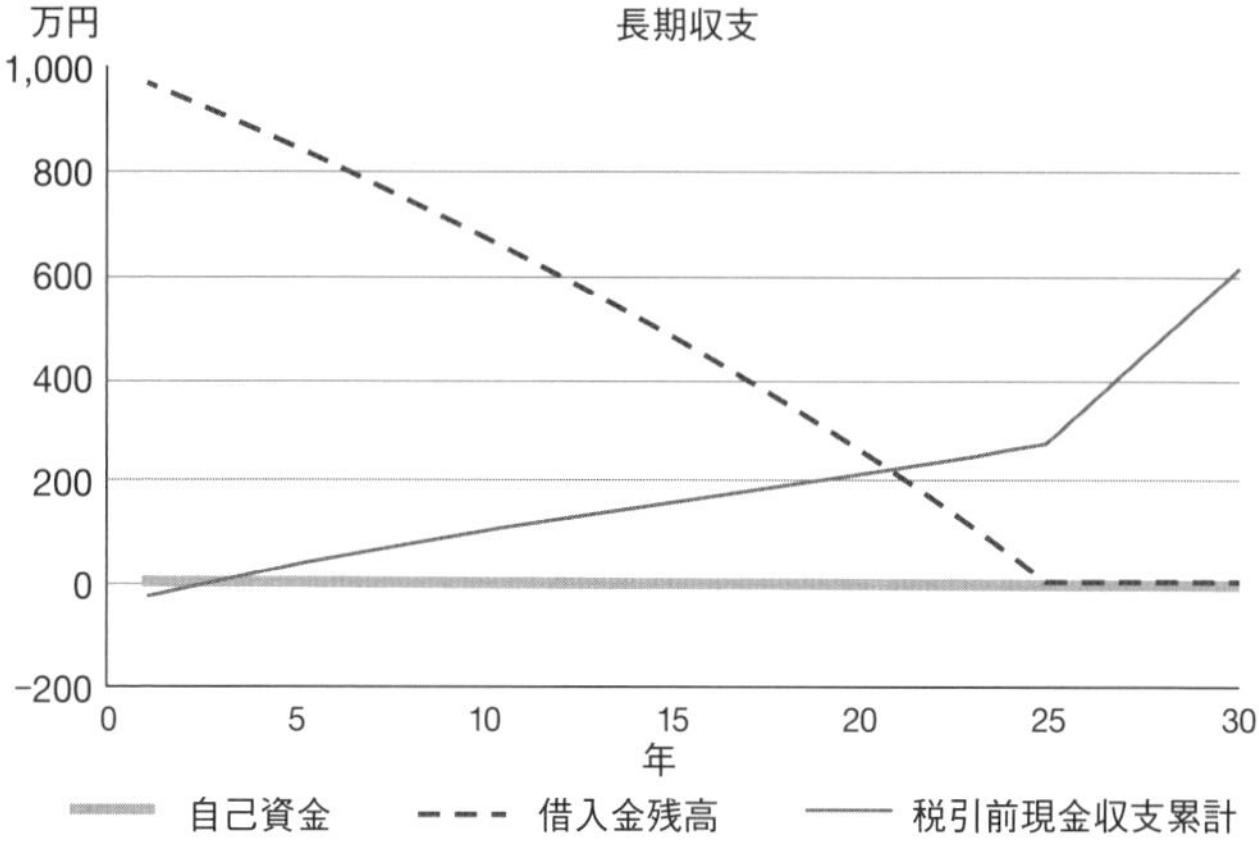

が少なく済むという利点があります。さらに、ファミリー層がターゲットであるため出入りが少なく安定している点、将来資産として分割しやすい点など、Bさんにとって都合のよい点が多々あると山口さんは考えました。

借入れへの不安があったBさんには、全額借入れしても家賃分を全部返済に充てれば11年から12年で回収できることなどを伝えました。長期収支計画をシミュレーションしてグラフや表で見せると、それを一緒に見ていた孫も「それなら」と納得したのです（図11参照）。

それでも不安だったBさんは、まずは試験的に2棟を建設。間口が狭く奥行きのある土地だったのですが、そこにすぐに客が付いたことで戸建て賃貸経営に自信がつきました。その後、山口さんが提案した約660㎡の土地に4棟を建てることにしました。

その他の土地については、納税資金捻出のための土地2筆を残し、売りやすい立地の土地3筆を売却予定。この時点で相続税の試算をやり直すと、法定相続割合で3300万円と、2100万円分の圧縮になりました。残りの納税資金は1300万円となりますが、これは残しておいた2筆・約400㎡の土地を売却することでめどが立ちそうです。

分割対策として公正証書遺言を作成すること、二次相続対策として戸建て賃貸や賃貸マンション等の家賃収入を貯め、納税資金に充てればいいことなども助言しました。

これまでは、大手メーカーから「相続税対策のためにアパートを建てましょう」との営業ばかり受けてきたというBさん。1億円以上の借金をして家賃収入はほとんどないような計画でも、「一括借上げがあるから安心ですよ」といった説明があるだけなので、話を聞く気にならなかったそうです。しかし、山口さんの話を聞いて、すっかり目からうろこが落ちました。

不動産相談をしたBさんご家族は

家族構成

Bさん（82歳）、妻（78歳）、長女、孫（長男の代襲相続人）
※長男はすでに亡くなり、代襲相続で孫（長男、次男）が相続人に

相談内容

代襲相続人になる孫（長男）に、相続対策を含め資産管理をまかせていきたいが、どうしたらいいかわからない

資産内容

・賃貸マンション　年間家賃収入　約1,000万円
・テナント　賃料収入　600万円
・土地5,000㎡（14筆）市街化農地
・土地1,500㎡　自宅
・その他、預金約2,000万円、賃貸マンション建設の借入金残債約500万円（残返済期間1年）

「自分の持っている不動産が資産なのか、負債の状態なのかが明確になり、判断するための情報をたくさん提示していただいたので、それをもとに自分で選択することができたんです」と、山口さんに感謝することしきりの様子です。

最も変化があったのが、後継ぎとなる孫でした。

「それまで自分が跡取りになる実感が全くなく、ただ祖父から相続税がかなりかかると聞いて『やばいな』と思っていたんです。でも、山口さんから話を伺っていろいろなことがわかったし、これからどうすればいいかも見当がついて安心しました」とお孫さん。自分がこれだけの資産を管理していくんだという責任感が生まれ、跡取りらしい「いい顔」になったことが、いちばんの収穫だったのかもしれません。

ケース 03
急死した夫。突然遺され困惑する妻を安心させたナンバーワンセールスレディのモットーとは？

問題解決に導いたコンサルタントは

≫山坂光子《やまさかみつこ》さん

27年前、主婦から不動産業を営む会社に入社。未経験から数年で、加盟する不動産ネットワークで賃貸・売買部門ともにナンバーワン営業マンとなる。入社6年目に取締役部長に就任。2015年3月に退社したが、「もう少し人と関わっていたい」と独立を決意。2016年5月グリーンボックスを設立する。

社 名：株式会社グリーンボックス
住 所：埼玉県南埼玉郡宮代町中央3-3-8 山坂ビル2F
宮代町、杉戸町エリアを中心に住宅販売を行うほか、相続や土地活用のコンサルティングも手掛ける。お客様とのコミュニケーションを第一に考える、地域密着型の不動産会社。

顧客の突然の訃報 パニック状態の妻のもとへ駆けつけると……

「すぐにうちに来てくれない？」

切羽詰まったような電話の声に、埼玉県の不動産業者、株式会社グリーンボックスの山坂光子さんは驚きました。電話の主は、いつもお世話になっている不動産オーナーのCさんの奥様、DさんからだったのですCさんから電話をもらうことはあっても、奥様から直接連絡を受けたことのなかった山坂さんは、驚くと同時に「これは何かあったのでは」と感じました。そして、その予感は悪いほうに当たってしまいました。Cさんが突然逝去されたとのことだったのです。

「あんなにお元気だったCさんが……」

突然の訃報に驚き悲しみながらも、急いでDさんのお宅へ向かうと、そこには、まさにパニック寸前のDさんが待っていました。というのも、亡くなったCさんはビルやアパート、マンション、貸地、駐車場などの不動産を所有する資産家だったのです。当然相続の問題が発生するわけで、生前特に対策をしていなかったために、残されたDさんはパニックを起こしかけていたのでした。

「どうしよう、私何から手をつければいいのかわからない」

戸惑うDさんを安心させるため、まず山坂さんは税理士を紹介し、後日その税理士と一緒に足を運んで、総資産の洗い出しをすることから始めました。あらかじめ、個人の不動産の一覧表である名寄帳を取り寄せておいてもらい、Cさんが所有していた不動産を確認したのです。

図12 **Cさんの相続相関図**

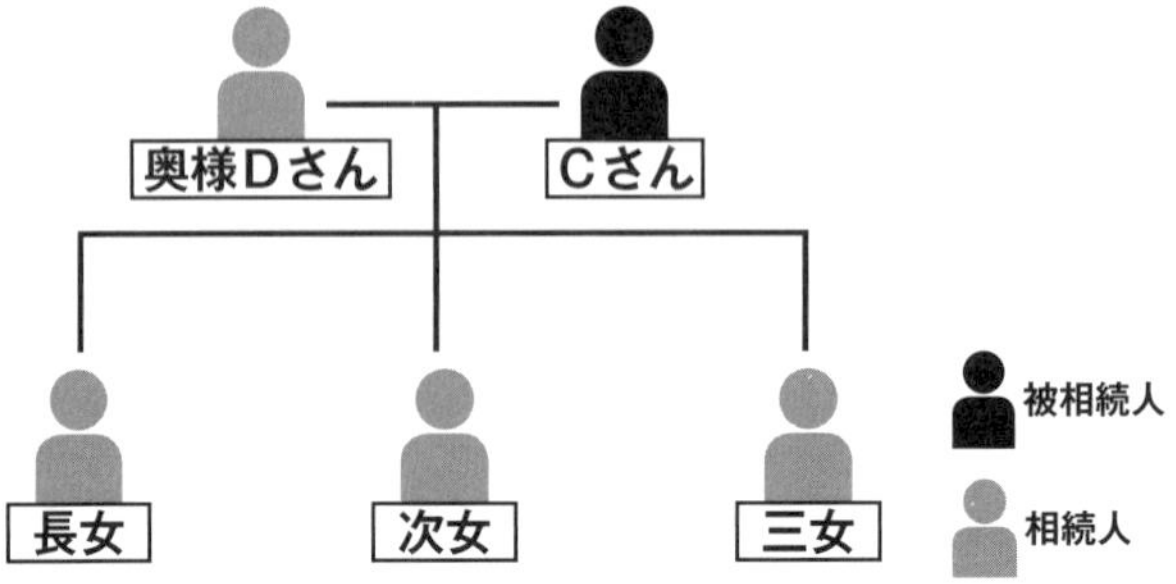

図13 **家族の意見**

Dさん	今は一部の土地を除いて、すべての財産を自分がもらいたい。
長女 次女 三女	自分たちは夫もいて収入もあるから、母のしたいようにしてほしい。

その内訳はこうでした。

まず、貸ビル、貸倉庫、マンション、さらに8世帯×2棟のアパート、駅前にある3階建てのテナントビル、更地になっていて、一部を駐車場として貸している土地が約530㎡というのがCさんの所有する不動産のすべてでした。

もともと周辺一帯の土地を持つ資産家だったCさんは、さらに事業を拡大し、銀行からの融資によって所有する土地にビルやアパートを建てて経営していたのです。なお、借入れはほとんど返済していて、残りはアパートの分の数千万円のみ。総資産は数億円にのぼっていました。

同じ女性だからわかる遺された妻の気持ち

Cさんと奥様のDさんとの間には、3人の娘がいます（図12参照）。税理士と一緒に2度目に山坂さんが訪れたときには、その3人の娘たちも同席していました。

山坂さんはまず、Dさんの気持ちを第一に考えました。「もしも私が彼女の立場だったら、すごく不安だろうと思ったんです。男性にはわからないと思うけど、これまで収入面ですべて夫に頼ってきた女性が、その支えを一気に失ってしまうというのは、ものすごく喪失感のあることだし、この先どうしよう、と心細い。効率だけを考えて杓子定規に決めつけるわけにはいかない」と山坂さんは言います。相続をする人の安心感を第一優先に考えたのです。Dさんは「今は一部の土地を除いて、すべての財産

図14 一次相続での配偶者への配分比率による相続税額の比較

被相続人の財産は　60,000万円
子の人数は　3人

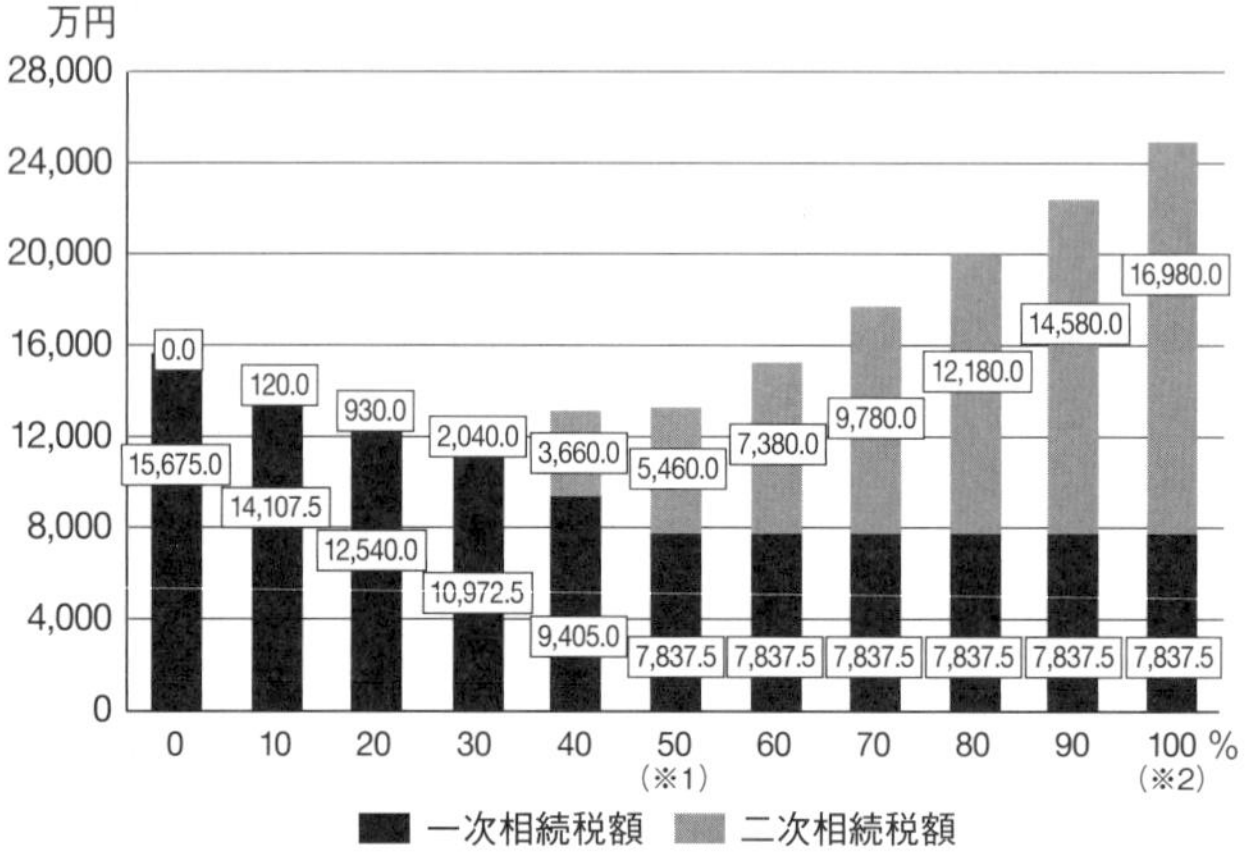

※1　一次相続の時点で配偶者に50%（法定相続どおり）を分配した場合
※2　一次相続の時点で配偶者に100%を分配した場合

を自分がもらいたい」という意思を皆に伝えました。

それぞれに結婚し、家庭を持っている娘たち3人は、母親であるDさんの不安な気持ちを汲み取って、「自分たちは夫もいてそれぞれ収入もあるから、母のしたいようにしてほしい」と、快くその決断を承諾してくれました。

ただ、その後の二次相続のことまで考えると、今のうちに相続財産を4人で分配しておいたほうがいいということを、山坂さんは全員に伝えました。

一次相続の時点で法定相続どおりに分配した場合と、Dさんの言うようにひとまずDさんにすべて資産を集めて二次相続の時に3人の娘に分けた場合の、それぞれの相続税の金額についても計算して、おおよその金額を伝えました。その結果は山坂さんの言うとおり、相続税対策としては前者のほうが効率がよく、支払わなければいけない税金の額が格段に少ないものでした（図14参照）。しかし、それも承知したうえで、家族の総意でDさんの希望が通ったのです。

どれを遺してどれを売る？的確な処理をアドバイス

さて、相続の配分が決まれば、次はその資産をどう処理するかの話し合いになります。

Dさんは実業家だったCさんと違い、不動産にはほとんど興味がありませんでした。また、Cさんが行っていた事業を手伝ったこともなく、その内容もよく知らなかったので、これからどうすればいいのか全くわからなかったのです。

そこで山坂さんは、まず「どれを遺したいのかを考えましょう」と提案しました。

そう聞かれるとDさんは、「自宅近くのビルと3階建て貸倉庫だけは絶対に売りたくない」と答えました。3階建て貸倉庫と一体化しているビルは、3階の広いベランダで家庭菜園ができるようになっています。その菜園でご主人と2人、野菜や花を育てるのがDさんの楽しみでした。思い出がいっぱい詰まったそのビルを遺すことが、Dさんの最大の要望だったのです。

そして、Dさんが最も困惑していたのは、駅前の3階建てテナントビルやアパートの管理でした。テナントビルやアパートは自宅から離れていて、また借主も複数にわたるなど、Dさんにとってはとてもわずらわしく思えました。それまで全く事業に関わってこなかったため、当然といえば当然です。Dさんの次の要望は「わずらわしいアパートやテナントビルを売ってしまいたい」ということでした。

3階建ての駅前のテナントビルは、2、3階が空いていて、2棟のアパートのうち1棟は現在満室ながら駅から徒歩20分と離れているうえ、地形が縦長であまりよくありません。条件のよくないアパート1棟とテナントビルの査定書を作成して、価格の説明をし、Dさんに了承を得たうえで販売に出したところ、すぐに買い手が見つかり売却をしました。テナントビルに関しては、駅前で立地がいいことから山坂さん自身が買い取り、空いている2階を事務所にすることにしました。実は山坂さん、つい前年に前職を辞め、独立したばかりだったのです。

アパートとテナントビルを売却し、その売却益を借入金数千万円の返済と相続税に充てることができます。一度に売却してしまうと譲渡税は発生しますが、相続税を払うために売却したものは、取得費加算の特例が利用できることを、Dさんには伝えておきました。また、アパートやビルからの収益で、Dさんの老後資金が十分にまかなえることも計算してみせました。不動産の整理が済み、税金や借入れの心配もなくなって、Dさんはほっとした様子だったそうです。

残りの土地と3人の娘たちへの公平な遺し方は?

残った約530㎡の土地については、現在一部を駐車場として貸しています。立地もいいので売ろうと思えばいつでも売れるし、相続税分の利益は出たので焦る必要もなく、今はそのままにしています。ただし、今後のことを考えて、山坂さんは土地を区切って一戸建ての貸家を建てることを提案しておきました。

戸建ての賃貸は、地元ではそれなりに需要もあり、ファミリー向けなので客層もいいことや、長く借りてくれてそのまま買い取ってくれるケースも多いことから、比較的安定した事業になります。上物を建てる際に借金をするリスクはありますが、1棟900万円程度とアパートやビルほど高くなく、初期費用の回収が早く済むことも特徴です。アパートは出入りが激しく、人が出ていってしまうたびにメンテナンスをする必要もあり、手間暇もランニングコストもかかってしまいます。Dさんがわずらわしく思っていたアパート経営に比べると、戸建て賃貸は難しい事業ではないと、山坂さんは言いました。さらに、戸建てを建てて分筆しておけば、後々娘たちに分けるときもスムーズでしょう。

さて、不動産の仕分けが終われば、次はDさんにもしものことがあった場合の娘たちへの分配方法を考えなければなりません。

分配方法は、なるべく3人均等になるように配慮しました。全員に了解を取り、分割協議書も作成。すべての作業を終え、Dさんは「山坂さんは同じ女性だから、構えずにいろいろと本音が言えてよかった。一つひとつ一緒に考えてくれて、心強かったわ。だって山坂さんはオーナー開拓をした人だもの」と、安心したような表情で言ったそうです。

不動産業に就いたときから守り続ける「お客様目線」というモットー

常に相手の立場に立って仕事を進めることをモットーとしている山坂さんですが、初めて不動産業に就いた27年前は、右も左もわからない、ごく普通の主婦だったそうです。

水曜休みの仕事を求人広告で探し、たまたま見つけたのが不動産会社。よくわからずに面接に行き、不動産業と知って未経験だったため断ろうとしましたが、ちょうどその会社が設立されたばかりで人手が足りずに困っていたため、就職することに。最初は研修として社長と一緒に地主さんのお宅を一軒一軒回る日々だったそうです。

「私が入社した当時は、『不動産屋』というと毛嫌いされるような時代。制服を着てお宅を回ると銀行員か何かだと思って玄関に上げてくれるのですが、私が不動産屋だとわかった途端、名刺を破られたり持っていた書類を投げつけられたり……。結構壮絶でしたよ」

それでも、新しい仕事に燃えていた山坂さんは、それをそれほど嫌なこととは思わなかったそうです。エリアの半径2キロ圏内のマップをつくり、アパート・土地・一戸建てとマーカーで色分けをして印をつけ、そこから一軒ずつ訪問をして少しずつ顧客を獲得していきました。自分なりに工夫をして手紙を出すなど地道な努力を続けるうち、地主さんから信頼を得るようになっていったのです。

不動産のことなど右も左もわからなかった山坂さんをそれほどやる気にさせるきっかけが、実は入社してすぐに参加した、会社が加盟する不動産ネットワークの全国大会でした。そこでは、全国の加盟店800社ほどのなかで、賃貸・売買それぞれの部門のナンバーワンをとった営業マンが表彰されていたのです。そのとき、表彰されて壇上に上がっていた女性を見て、「どうせ仕事をするんだったら、私もあんなふうになりたい」と強く思ったという山坂さん。早速その女性のところに行って、どうやったらトップセールスマンになれるのかを聞くと、「一生懸命やったこと」と教えてくれました。

明確な目標ができて、山坂さんはがぜん張り切りました。「絶対にナンバーワンをとるぞ」と心に決めて、いやな顔をされても笑顔を絶やさず、相談してくれる人に対して自分は何ができるかを常に考えながら、仕事をするように心がけました。

「不動産屋が名刺を破られてしまうのは、自分たちの利益を追求しているだけだと思われているから。お客様に対して誠心誠意お応えしていけば必ずわかってもらえるし、それが不思議と自分自身のステップアップにもつながっていくんです」と山坂さん。目標を達成するために、問題にぶつかっても一つひとつ丁寧に解決していく。質問をされてわからないことがあったら、「申し訳ありませんが勉強不足でわかりません。よく調べて、必ず明日お返事いたします」と約束する。しっかり期日を決めて、嘘はつかない。そう自分に言い聞かせ、あの女性の言葉どおり「一生懸命」やったことで、ついに夢に見た賃貸部門ナンバーワンを獲得します。数年後には売買部門でも

不動産相談をしたDさんご家族は

家族構成

Cさん（夫）、Dさん（妻）、長女・次女・三女
※3人の娘たちはそれぞれ結婚して独立。Cさん、Dさんとは別の場所に住居を構えている

相談内容

突然事業主であるCさんが死去
多くの不動産資産をどうすればいいかわからない

資産内容

・駅前テナントビル1F貸店舗・2・3F現況空
・アパート8世帯×2棟
・土地約530㎡　一部駐車場
・その他、アパート建設の借入金
　残債数千万円

ナンバーワンとなり、なんと、加盟店の中で初となる両部門のトップになったということです。

実は、前述したCさんも、山坂さんがまだ駆け出しのころにその熱意に打たれて顧客となってくれていた、昔なじみのお客様でした。「私がまだ何もわからない頃からかわいがっていただいていた、古くからのお客様だったんです。奥様とは、直接仕事の話をしたことはありませんが、よくお宅にお邪魔して親しくさせていただいていたので、それで私にお電話をくださったんでしょうね」と山坂さんは言います。山坂さんが独立した後に、以前の会社ではなく、山坂さん個人に連絡をしてきたことからも、信頼関係が築かれていたことがよくわかります。

目先の利益ではなく、常にお客様視点で仕事をする

こと。27年間守り続けてきたモットーで、山坂さんはこれからもたくさんの「安心」を、不動産業を通じて多くの人に届けていくことでしょう。

第4章

地域の不動産価値向上とこれから求められる住生活関連サービス産業

この本では、家族の資産を適切に継承することで未来の家族の豊かな暮らしを創り出すために、不動産相続に関するコンサルティングが重要であることを述べてきました。

かつて、土地を買い住宅を建てることは、財産を築く可能性に直結していました。単身向けの賃貸住宅から家族で住むためのマンション（集合住宅）の所有、最終的に土地付き一戸建て住宅の所有へと、より新しくより広くより快適な住環境を実現する「住宅すごろく」と呼ばれる「住まいのステップアップ」が存在しており、このステップアップは、所有している住宅不動産の価格、地価の上昇を元手に次の住宅に買い換えるというもので、住宅不動産がもたらす「資産効果」を活用して行われてきました。

このように家族が蓄積してきた資産の価値が維持されあるいは積み上がることで、未来の家族の暮らしは必要以上の住宅投資が不要になり、結果として生活を楽しむための消費に回せる豊かさを得るという循環ができていました。

しかし、現在の住宅不動産市場には、せっかく投資した資産の価値が毀損することでマイナスの資産効果がもたらされ、家族の資産形成を阻害する要因があるのです。例えば、住宅不動産の取引市場の制度や慣習、あるいは空き家問題にも通じる需給のバランスがもたらす不均衡、あるいは不動産がある地域の価値が与える影響などさまざまな要因が家族の資産の価値に影響を与えています。

こうしたことを「仕方がない」とあきらめていては、家族の資産価値を維持し高めるような市場は成立しません。今、あらためて消費者にとって家計にとって大切な資産である住宅不動産の価値を維持し高めるためには、住宅業者、不動産業者がその役割をどのように果たすべきかを考えるときに来ているのではないでしょうか。

建物のことがわかる不動産業者になることで価値を高める、空き家問題の解消や生活関連サービスにも取り組むなど地域の活性化に関わることで地域の不動産の価値を高める、昨今話題となっているインスペクションの普及に取り組むなど、不動産取引における透明性を高める、家族の資産を適正に継承するサービスを行う、といったようにできることはたくさんあるはずです。

2015（平成27）年12月に閣議決定された地方創生を進めるための「まち・ひ

と・しごと創生総合戦略（改訂版）」に記されている地方創生をめぐる現状認識として、①人口減少の現状、②東京一極集中の傾向、③地域経済の現状の3つの観点から今解決すべき課題が浮き彫りにされていますが、なかでも地域経済の問題として挙げられているのは地域内経済の構造改革問題です。

この問題は、地域内経済のけん引役として住宅建設サービスの提供や不動産取引を担う住宅不動産業にとっても見過ごせない問題です。

人口・世帯が増加していた時代と同じような需要があると見込んで、いつまでも同じようなサービスや商品を提供し続けていると、住宅不動産業を担う企業はそのうち存続できなくなります。

今の時代は地方創生の流れに沿って、観光資源の発掘や農水産業の6次産業化などに向けた新たな投資の増加を、建物の建設や不動産取引（売買、賃貸）のチャンスとして捉えるべきです。地域の持つ魅力を最大限に活かすためのエリアマーケティングに積極的に取り組むことで、地域の需要にあった「生活関連サービス」、つまり建築や不動産取引を活発にするアイデアを生み出すことが必要です。

地域の価値が低い場所にはヒト、モノ、カネは集まりません。今、不動産業者に求められていることは、地域全体の価値を高めるという明確なビジョンをもって、今後のビジネスを考えていくことなのです。

住宅不動産の資産価値と地価の関連性

地価は、今の日本が陥っているフロー型経済からストック型経済へと転換するための重要な指標となります。まずはじめに、地価の動きと経済構造の関連性について解説します。

図15をご覧ください。これは、1970（昭和45）年からの全国平均地価を表しているものです。1991（平成3）年のピークを境に地価は下落し続けていますが、1997（平成9）年からはほぼ横ばい状態です。地価の下落が続いている要因のひとつに、現代日本の抱える住宅事情が挙げられます。日本の住宅は、ほぼ耐久消費財として扱われているようなところもあり、個人の資産として適切に蓄積されてきませ

図15 上がらない地価動向

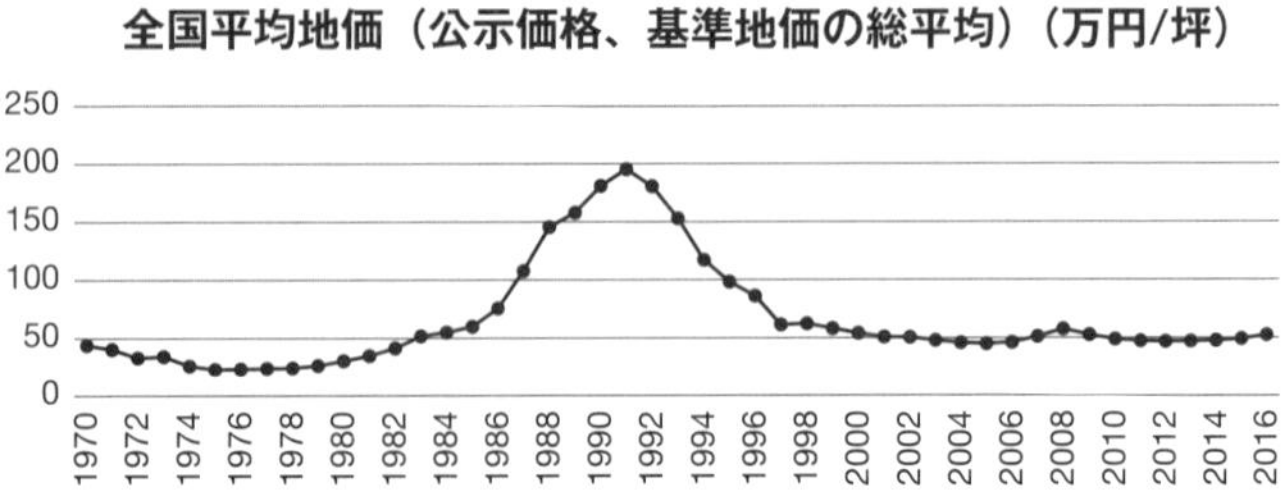

※全国の公示地価（2016年/平成28年）44,986件の平均値

出典：国土交通省「地価公示価格」「都道府県地価調査」より作成

んでした。こうした状況のもとで、古い住宅は壊して新しい住宅を建てればよいという、スクラップアンドビルドと消費を進める「フロー型」の住宅市場が生み出されました。

さらに、住宅を建てることで経済を活性化させるという仕組みを止めないために、新しい住宅用地の開発も止まりませんでした。住宅を必要とする世帯や人口が増えている間はこのような供給がずっと続いても価値は下がりませんが、すでに住宅を持つ人が6割を超え、さらに人口や世帯数が伸びなくなった昨今、たくさん作り続けることは、個人が持っている不動産の価値を下げることにつながりかねません。このようなフロー型経済の状況下では、持ち家があったとしても、住宅不動産の価値が住宅ローンの残債を下回ってしまうといった可能性が高くなるのです。

実は、日本の家計資産の7割は不動産です。図16は住宅

図16 住宅投資額累計と住宅資産額の推移

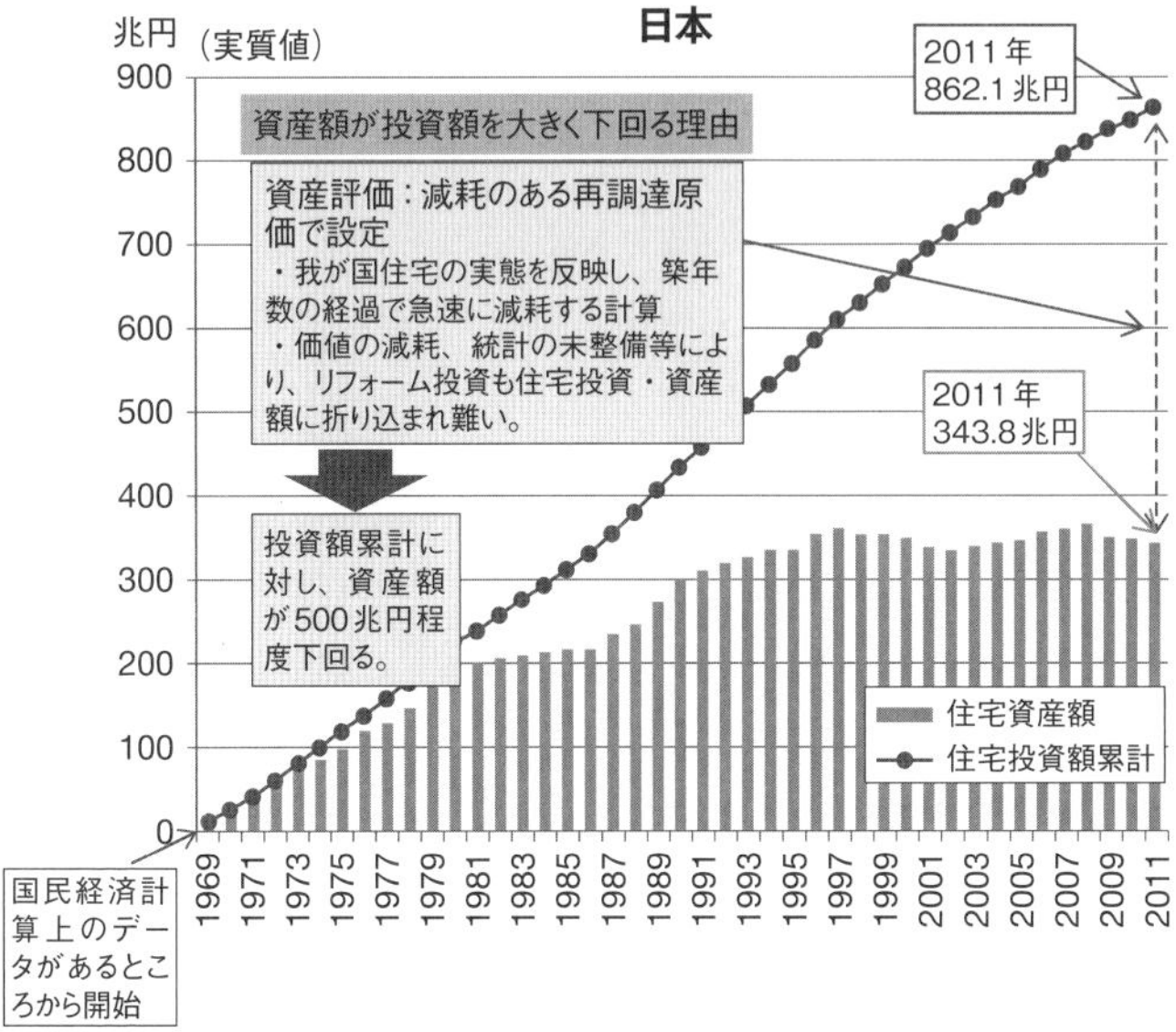

出典：内閣府「国民経済計算」
※野村資本市場研究所の「我が国の本格的なリバース・モーゲージの普及に向けて」を参考に作成
※住宅資産額の2000年以前のデータは、2005（平成17）年基準をもとに推計
※1969（昭和44）年以前は統計がないため、1969年以降の累積

への累積投資と住宅不動産の現在価値を表しています。蓄積された資産が適正に評価されていれば棒グラフは投資した分だけ積み上がるはずです。ところが、このグラフからわかるのは、新たな住宅投資をし続けているのに、資産として蓄積されていないという状況です。

では、ストック型経済とはどのようなものなのでしょうか。

ここでひとつの例をあげ

ます。親から家を受け継いで住んでいるAさんがいます。Aさんの家は築30年以上経っていますが、定期的にリフォームをし、住み心地のよい状態をキープしているので、今も資産価値を維持できています。それに住宅ローンを組む必要がないので、新築住宅を購入する際にかかるような数千万円単位にのぼるような額の支出が不要です。その結果、海外旅行などの趣味を楽しむためのお金もねん出でき、ゆとりのある生活を送っています。さらに、周辺でも築古ながらも手入れがきちんとされている家が多いため、周辺環境もよく、Aさんの住んでいる地域の地価はわりと高い状態が続いており、住宅不動産が高値で取引される傾向にあります。

この例のように、前の世代から引き継いだ住宅を長く大事に使い、資産として維持できる環境が整っているのが、ストック型経済の特徴です。この環境が整っていれば、人々にも自然と生活のゆとりも生まれるのです。こうしたストック型経済のケースは、古い建物や住宅を大切にしている欧米先進国では当たり前のように見られます。しかし、今の日本では、耐久消費財のように住宅不動産を扱ってきた結果、世代ごとに住宅購入が必要で、生涯収入に対し住宅費用の出費が大きくならざるを得ない、というフロー型の住宅市場に置かれたままの状況なのです（図17参照）。常に自分の世代で資産を形成しなくてはならないフロー型の住宅市場では、仮に地価が上昇すれば住宅に関する支出が増え他の経済活動を圧迫します。

それゆえ地価は低いほうがよいという考え方に向かってゆくことになり、結果的に市場での取引の価格を下げる圧力になります。結果、全体としては住宅不動産を持った後に資産価値が下がる可能性が高まり、資産形成が困難になるという悪循環に陥ります。

では、ストック型の住宅市場で地価が高くなると、どのようなことが起こるでしょうか。

住宅不動産資産を前の世代から引き継ぎやすくなり、しかも保有・使用している間は初期投資が不要で済むことから住宅に関わる支出の圧縮ができます。その結果、同じ所得でも居住以外の消費活動に回すことができる余資を確保しやすくなります。それに加え、保有する資産の評価が上昇、資産価値が増大することによって、さらに消費や投資活動を活発にさせるという循環を生み出すことも可能になります。

図17 住宅が家族の資産として継承されることで生活の豊かさが変わる

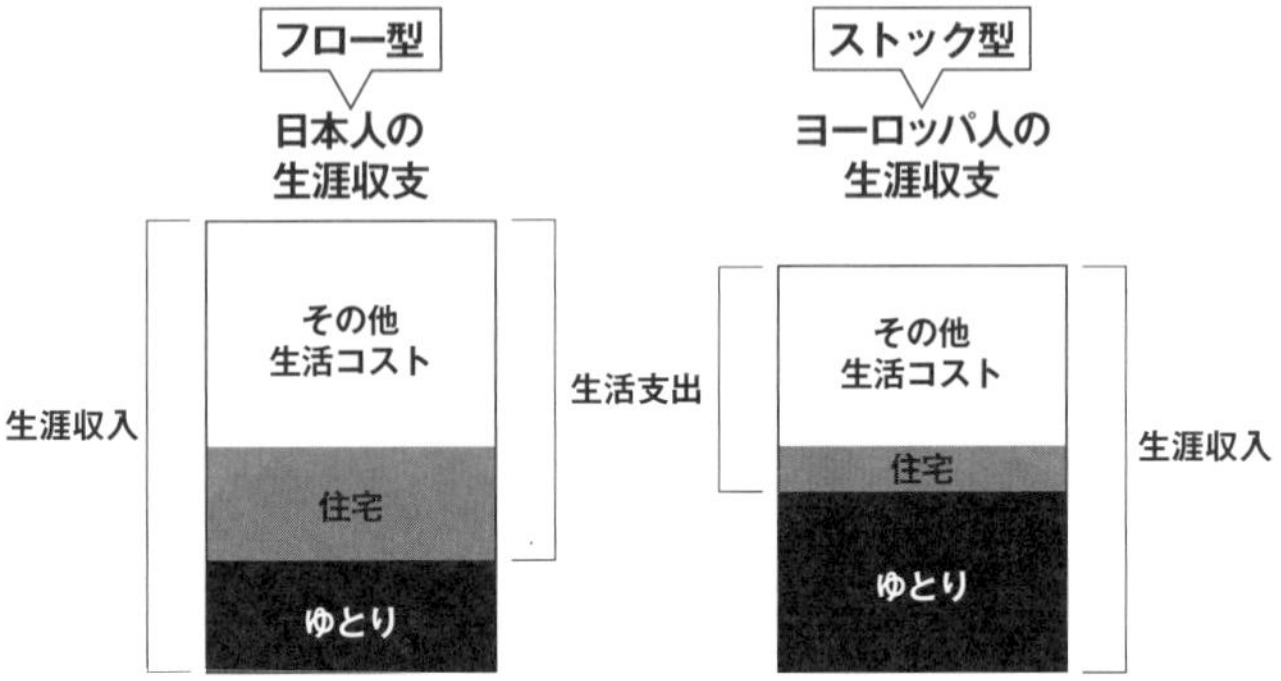

・ゆとりとは、生涯収入から生涯支出をひいたもの

出典：次世代システム研究会ホームページ　「日本とヨーロッパの生涯収支の比較」を一部改

前世代から脈々と引き継いだ資産による「資産効果」が消費意欲と消費力をもたらし、経済の活性化につながっていくのです。

すでに住宅のストックが十分にある日本ではストック型住宅市場への転換は十分に可能です。住宅購入が資産効果をもたらし、豊かな暮らしを実現できる社会をもつくれるのです。次の節では、そのような市場や社会を作るために解決すべき3つの課題について触れてゆきます。

住宅購入が資産効果をもたらし、豊かな暮らしを実現する社会をつくるために

(1)中古住宅市場が抱える情報の非対称性とは

今の日本が、ストック型経済へと変化を遂げるには、今日本にある住宅資産＝中古住宅を活用することがカギといえるでしょう。しかし、現在の中古住宅市場にはまだ改善すべき点があります。ここでは、その点について紹介しながら考えていきます。

「レモン市場」という言葉をご存知でしょうか。

アメリカの経済学者であるジョージ・アカロフが、1970年に提唱した理論です。「アメリカの中古車市場で購入した中古車は故障しやすい」といわれる現象のメカニズムを分析したもので、中古車のように実際に購入してみなければ、真の品質を知ることができない商品が取引されている市場のことを指します（レモンとは、アメリカ

のスラングで中古車を意味します）。こうした市場では、買い手が商品やサービスの品質を知らないために、結果的に不良品しか出回らなくなります。

レモン市場では、売り手は取引する商品の品質をよく知っているのに対して、買い手は購入するまでその商品の品質を知ることはできません。このような状態を「情報の非対称性が存在する市場」といいます。

情報の非対称性がある市場では2つの問題が起こります。ひとつは、市場に質の悪い商品やサービスしか出回らなくなるという問題、もうひとつは、高品質かつ品質に見合った高価格商品の取引が成立しなくなり、市場での取引数が拡大しなくなるという問題です。

例えば、住んでいる間もきちんと手入れされた高品質の中古住宅と、維持管理がほとんどなされていない粗悪な中古住宅が、それぞれ半々の割合で存在しているとします。

売り手は住宅の品質を十分にわかっているので、高品質の住宅を3000万円以上で売りたいと考え、低品質の住宅は1000万円以上で売れればよいと考えているとしましょう。一方で買い手は、売られている住宅の正しい品質を判断することが難しく、半分の確率で住宅の品質が低いと考えておこうとします。そのため、買い手にとって「支払ってよい」と考えられる住宅の価値は、3000万円と1000万円の平均である2000万円となります。言い換えれば、買い手は2000万円以上を支払いたくないという判断をすることになるのです。

さらに、買い手が2000万円以上で買うことはないだろうと予想する売り手は、2000万円より高い売値をつけることをあきらめます。このように品質に関する情報が開示されないゆえに起こる悪循環の結果、粗悪な中古住宅だけが取引される市場になり、高品質な住宅の取引が成立しない市場となってしまうのです。

現在の日本の中古住宅市場の現状は、まさにレモン市場そのものといえます。特に建物の品質、すなわち買い手が期待している住宅の性能や状態に関する情報を手に入れにくいことで、住宅不動産の価格が妥当かどうかわからないままに取引をせざるを得ないのです。

また、買い手はそのような性能・状態がわからないことを補うために、築年数が新しければ、相対的に経年劣化も少ないだろうと考えて、具体的に内容を調査し、状態を把握することなく、古いというだけで「価格が安い」と判断してしまいます。さらに、どうせ品質はわからないのだから「住宅の価格は安ければいい」と考えてしまう可能性もあります。

これでは売り手が、築古物件をきちんとリノベーションをし、住み心地のよい住宅にして高い値段で売ろうと思っても、買い手からは評価されなくなるでしょう、場合によっては低い価格をつけられ、売りづらくなってしまいます。このような市場では、品質の良いものを、買い手にとって適正な値段で取引することはほぼ不可能です。それに、転勤や家族構成の変化などで、所有している住宅を人々が希望どおりの価格で売ったり貸したりできる市場がないとしたら、住宅不動産の資産価値を維持するのはとても無理です。

しかし、そんな市場にようやく改善の兆しが見られました。２０１６（平成28）年に国会を通過した宅建業法改正において、２０１８（平成30）年以降、建物現況検査（インスペクション）のあっせん、検査済みの場合の結果説明などが義務付けられたのです。これはまさに日本の中古住宅の流通市場改革の第一歩といえますし、さらに中古住宅の取引を推し進めるきっかけとなることでしょう。

（2）需給バランスを考えない新築住宅市場

まずは、中古住宅市場の問題から話をしました。一度人々が手にした住宅不動産を次の人に引き渡しやすい（売りやすい、貸しやすい）環境が整っていなければ、人々が新たな住宅の購入への意欲はわきません。新築住宅市場を持続させるためにも中古住宅市場の整備は必要不可欠です。

次に触れるのは新築住宅市場の抱える問題点と、今後何を重視すべきかという点です。新築住宅市場の最も大きな問題点は、需要と供給のバランスを欠いた状態で放置されている点にあるでしょう。本来であれば、その時代にあわせた数量の観点や生活環境を踏まえた都市計画の観点から捉えて、供給をコントロールしていかなくてはなりませんでした。

図18・19は人口集中地区（DID）の拡がりを示したものです（DIDとは、国

図18 人口集中地区の人口とその比率

全国	市数	DID数	総人口（人）	市部人口（人）
昭和35年	561	891	9430,1623	5967,7885
昭和40年	567	1002	9920,9137	6735,6158
昭和45年	588	1156	1,0466,5171	7542,8660
昭和50年	644	1257	1,1193,9643	8496,7269
昭和55年	647	1320	1,1706,0396	8918,7409
昭和60年	652	1368	1,2104,8923	9288,9236
平成2年	656	1373	1,2361,1167	9564,3521
平成7年	665	1389	1,2557,0246	9800,9107
平成12年	672	1359	1,2692,5843	9986,5289
平成17年	751	1334	1,2776,7994	1,1026,4324
平成22年	786	1319	1,2805,7352	1,1615,6631

全国	DID人口（人）	市部人口比率	DID人口比率
昭和35年	4082,9991	63.3%	43.7%
昭和40年	4726,1455	67.9%	48.1%
昭和45年	5599,6885	72.1%	53.6%
昭和50年	6382,2648	75.9%	57.0%
昭和55年	6993,4854	76.2%	59.7%
昭和60年	7334,4121	76.7%	60.6%
平成2年	7815,2452	77.4%	63.2%
平成7年	8125,4670	78.1%	64.7%
平成12年	8280,9682	78.7%	65.2%
平成17年	8433,1415	86.3%	66.0%
平成22年	8612,1462	90.7%	67.3%

出典：総務省統計局「国勢調査報告」より

勢調査において設定される統計上の地区で、市区町村の区域内で人口密度が4000人／km²以上の基本単位区が互いに隣接して人口が5000人以上となる地区のこと）。

1960年代の高度成長期のように日本で人口や世帯数が増えていた時代は、人々がより快適に暮らすための新しくて広い住宅の建設ラッシュが続いていました。それゆえ、さまざまな

図19 人口集中地区の人口及び面積

各年10月1日現在

年	人口集中地区人口	面積(km²)	人口密度(人/km²)	市全体に対する割合(%)	
				人口	面積
昭和40	13,538	1.5	9,025	48.2	5.9
45	21,891	3.2	6,841	56.5	12.7
50	27,395	3.8	7,209	57.0	15.0
55	37,791	5.4	6,998	67.8	21.4
60	43,639	5.8	7,524	71.0	23.0
平成2	52,992	6.9	7,680	76.8	27.3
7	57,365	7.4	7,762.5	78.5	29.3
12	58,819	7.64	7,698.8	79.5	30.2
17	59,145	7.71	7,671.2	80.3	30.5
22	60,580	7.75	7,816.8	81.1	30.7

注：人口集中地区（DID）とは、人口密度の高い国勢調査区（人口密度が1km²当たり約4,000人以上）が市町村でお互いに隣接して5,000人以上の地域を構成している国勢調査調査区の集まりをいう。
出典：総務省統計局「国勢調査報告」より

地域に住宅地が誕生することになり、人口の集中するエリアが拡大していったわけですが、「住宅・土地統計（総務省）」によれば１９６６（昭和41）年には全国合計で世帯数を住宅数が上回り、さらに１９７３（昭和48）年には全都道府県で世帯数を住宅数が上回る状態となっていました。最新の結果では、実に８００万世帯分以上の空き家、使われていない住宅があることが報告されています。このように住宅は数の上では十分に存在しているにもかかわらず、今もなお住宅の拡大再生産が続けられているのです。

住宅の拡大再生産を示したものが図20です。この図が示しているのはある1年の間で除却された住宅の数と、除却後の土地に新たに住宅が建てら

図20 建替え倍率＝拡大再生産が続いている

建替需要の動向
地域別再建築率・再建築倍率（平成26年度）

地域	再建築戸数 A(戸)	新設住宅着工戸数 B(戸)	再建築率 A/B(%)	除去戸数 C(戸)	再建築倍率 A/C
全国	79,701	880,470	9.1%	58,901	1.35
3大都市圏	55,689	541,421	10.3%	38,945	1.43
首都圏	37,427	309,191	12.1%	23,361	1.60
中部圏	9,288	99,112	9.4%	8,300	1.12
近畿圏	8,974	133,118	6.7%	7,284	1.23
その他地域	24,012	339,049	7.1%	19,956	1.20

注：首都圏：埼玉県、千葉県、東京都、神奈川県
　　中部圏：岐阜県、静岡県、愛知県、三重県
　　近畿圏：滋賀県、京都府、大阪府、兵庫県、奈良県、和歌山県
出典：国土交通省「住宅着工統計における再建築状況について（平成26年度）」

れた数を示しています。注目は「再建築倍率」という指標です。これは除却された1戸の住宅が、次に何戸の住宅になっているかを示しています。この指標をみると、全国では1・3倍、つまり1戸を除却してそれ以上の住宅（戸数）を供給しているのです。

特に、拡大再生産を増長させている原因は賃貸用途の集合住宅です。これは、人々が保有している不動産を承継するため、つまり相続が要因となっている場合が多いのですが、資産としてそのまた次の世代に引き継いでいくための方法として最適であるかは、地域の住宅需要など

によって適切に判断されなくてはならないはずですが、そのような判断とは違う観点で拡大再生産は行われています。

いずれにしても数の上で需要と供給のバランスを考えることなく住宅をつくり続けることは、地域の住宅不動産の価値を維持するうえではマイナスとなります。

資産価値を高める方法を考えるうえで、数の需給バランスだけを見ていては不十分な時代も訪れています。２００９（平成21）年6月、住宅の長寿命化をはかるべく、政府は「長期優良住宅の普及の促進に関する法律」を施行しましたが、さらに、２０２０（平成32）年までに省エネ基準をすべての新築住宅に義務づける方針を掲げました。こうした流れからも、今後は家庭で使うエネルギーを節約できるＨＥＭＳ（ホーム・エネルギー・マネジメント・システム）や、1年間の消費エネルギーをゼロ以下にするＺＥＨ（ネットゼロエネルギーハウス）などの省エネルギー性、蓄エネルギー性などが高い住宅はもちろん、耐震性や耐久性を備えた、高性能住宅の建築が進んでいくはずです。こうした動きと数のバランスに加えて、住宅の長寿命化と資産価値の維持を見据えた住宅づくりも考えなくては、資産価値は維持できません。

しかし、いくら性能のよい住宅を建てて売り出しても、過疎化の進んでいる地域であれば、住宅の資産価値が下落することは簡単に予想できます。もし、その地域の住宅が中古住宅市場に出回ったとしても、売るのに一苦労するのはだれの目にも明らかです。つまり街全体で快適で暮らしやすい環境をつくりあげていくことが、これからは求められているのです。これからの不動産業者は、新築住宅供給側の理屈だけで動くのではなく、建物を含め、街そのものの価値自体を高めていく意識を持ち、建物と街の側面から、不動産の利用価値を見出す取り組みをしていかなくてはなりません。

(3) 住宅価値と地域の価値をつなげて考える

今、世間で問題になっている空き家の発生については、閉鎖的な中古住宅市場の問題や需給バランスを無視した新築住宅供給のあり方がひとつの原因となっていることは否めません（図21参照）。ほかにも、法制度や産業構造の視点からも問題点を見つ

図21 人口１万人当たり住宅着工戸数の推移

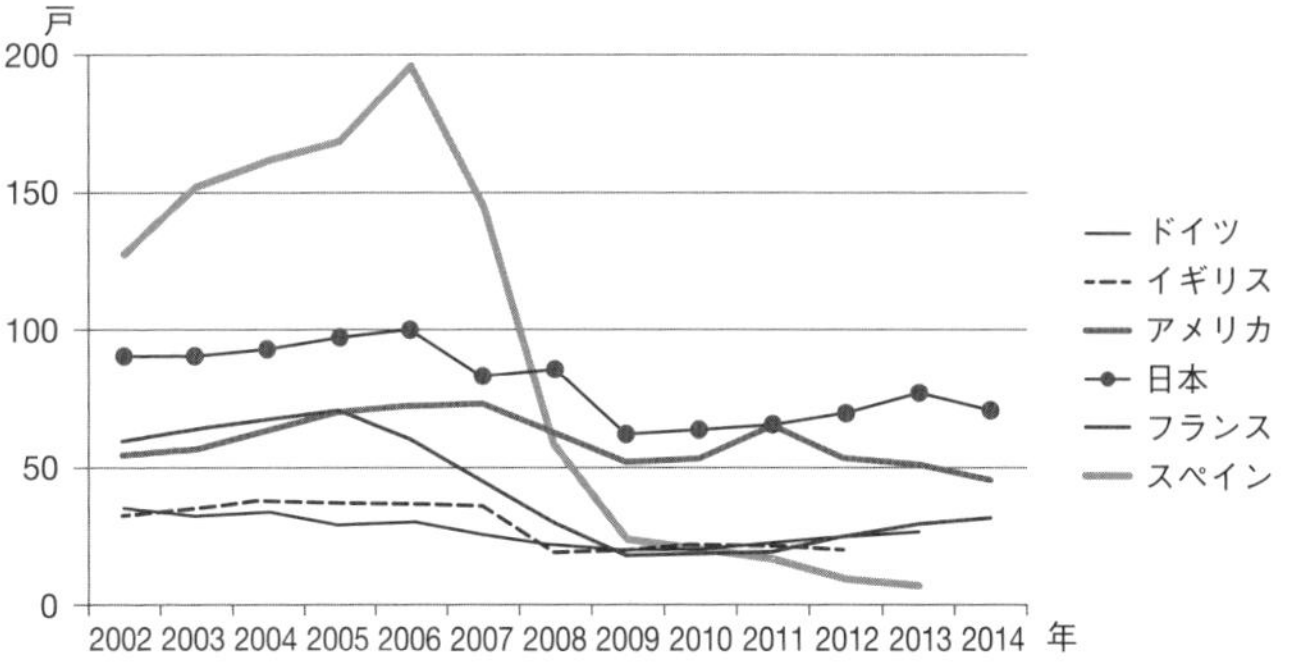

注：ドイツは着工ではなく竣工戸数
出典：国土交通省「住宅着工統計」、総務省統計局「人口推計」、米商務省、Eurostat、EMF "Hypostat 2014"、National Institute of Statistics and Economic Studies（France）より作成

けることができそうです。

そもそも、現在の住宅政策、住宅を供給する産業構造の根幹は、住宅不足の時代に作られたものです。例えば、住宅建築の規格化・工業化は、短期間に大量な住宅を生産可能にするためのシステム構築であり、さらに時間を経て大量生産とカスタマイズを両立させるような優れた技術開発をもたらしました。また、そうした住宅の供給体制を整えるべく、住宅金融公庫（現住宅金融支援機構）など有利な住宅ローンを個人にあっせんする金融制度ができ、その結果、戦後の極度の住宅不足は解消され、さらには高度経済成長期には狭い、寒い、不便といった質的不足を解消してきました。

しかし、「時限措置」であるはずの登録免許税などの取引に関わる減免や、住宅ローン残高に応じた減税などによって需要を底支えする、いわば「上げ底市場」は少子高齢化となった現在の人口構造の変化に対応しきれなくなっているのです。

振り返れば、このように住宅を持つことが国策として推進されてきた目的は、住環境の改善と個人の資産形成のためであり、国民の生活を質的に向上させるためでした。それを具体化する策のひとつとして、例えば、持っている土地に建物（住宅）を建てることで固定資産税が減免される制度のように、住宅を持ち続けることを支援する制度も整えられてきました。しかし、社会を取り巻く環境が変わった以上、国民の生活の豊かさの向上を図るための資産形成という同じ目的を実現するための方法も変わるべきです。

ところで、土地の価格に影響する、地域の価値とはどのような要素で構成されるのでしょうか。この問いへの回答をズバリ言い当てているものに、「敷地に価値なし、エリアに価値あり」という表現があります。その場所での活動を通じて便利な生活、豊かな暮らし、楽しい時間を過ごすことができそうな予感や期待があるからこそ、その街に行ってみたい、住みたい、その場所に住宅を持ちたい、そこにある不動産を使ってみたいという人々の気持ちが高まり、需要につながっていくのです。これこそが「敷地に価値なし、エリアに価値あり」の根底にある考え方です。つまり地域に存在する個別の建物や不動産の見た目や性能、状態の良し悪しというものは、地域の価値を決める要素としての一部でしかないということです。

ある地域に、省エネルギー性や耐久性に優れているうえに、美しい庭を備えたすてきな住宅があったとしても、もしその隣にゴミ屋敷があったり、放置されて手入れの行き届かない様子の建物があれば、価値は下がるでしょう。そうなれば、街としての評価も低いはずです。また、ある場所に空室ばかりで家賃の取れない築古のビルがあったとします。そのビルは「古いから空室となり家賃が安い」のでしょうか。それとも「その場所にあるから空室となり家賃が安い」のでしょうか。それはその場所に魅力がないから安いのです。もし仮にそのビルが銀座のように多くの人が行きかい、ショッピングを楽しむような繁華街にあったとすれば、少なくとも空室が発生する確率は低下し、場合によっては家賃だって上昇する可能性もありえます。

ここであげた2つの例は極端なものかもしれません。しかし、個別の不動産が使われない、あるいは資産価値が下がったり家賃が取れなくなったりするのは、その不動産が存在する地域の価値が一面として現れたにすぎないのです。地域の価値を高めるということは、その場所で暮らす人々の家族の形や求める過ごし方、訪れてみたい空間をいかに捉えるかで成り立つものです。

地域に暮らす人のニーズを捉えるという機能をもつ産業は多々ありますが、街に根づき、街を見続けてその姿・形の変化を如実に捉えながら、街全体をプロデュースできる産業は住宅不動産業だけです。その意味でも住宅不動産業は地域の価値を高めるために、地域のなかに積極的に飛び込んでいくべきでしょう。

地域の価値を高めることで恩恵を受けるのは地域の住人です。保有している資産の価値が上昇することでさらに富を蓄積するという循環は、所有する住宅不動産の周辺価値がより高く評価されることに関心を高めます。少子高齢化に伴う住宅需要の変化にあわせているだけでは、必然的に取引の機会が減りますし、欲しい人が減れば結果的に地価も下がり続けます。

この状況をただ眺めているだけでは、不動産業が斜陽化する一方です。不動産業者であれば、自らが地域の住宅資産の価値を上げていくという発想が必要です。この発想は自身のためだけではなく、地域の価値向上につながり、さらにはお客様の資産価値向上につながるというグッドサイクルを生み出すべきです。

「不動産ファースト」の考えで、地域の住関連サービスを充実させる

これまでに紹介した現状の既存住宅市場の問題、新築市場の問題、空き家発生の問題などを解決していくひとつの方法として「地域の価値創造」に積極的に取り組んでいくことは、ひいては業界全体の発展にもつながります。さらにいえば、不動産の価値を高めることは、家族が持つ住宅不動産を富として次世代に「承継しよう」という考え方を一般に広めることにもつながります。そのためには、自分たちの事業領域に線を引かずに、むしろ積極的に枠組みを超えて、ビジネスチャンスを生み出すことを考える必要があるでしょう。

自分たちの担当している地域のなかで人気のあるお店やサービス、地域人口の増加や減少、今、地域で元気な人はだれか、だれがどんな仕事を始めようとしているか、どんなイベントがあるのか――こうした生きた情報を、街を歩きながらリサーチするといったエリアマーケティングの方法は、不動産業者であれば日ごろ行っているはずですし、専門分野ともいえるのではないでしょうか。私たち住宅不動産業者が地域に貢献するポイントはまさにここです。すでに地域にある住宅不動産ストックを活用したり、あるいは新たな住宅建築を通して、地域の不動産の上手な使い方を提案をできるのは、住宅不動産業に関わっている人だからこそです。最近では、シャッター街になってしまったある商店街の古い店舗をリノベーションし、アイデア豊富な若い人に安い賃料で提供して話題を呼ぶ店をつくることで、街と建物全体を再生し、活性化させている例もあります。このように街を活気づけるきっかけさえつくれば、自然と人は集まるようになり、その地域に住まう人も増えます。その結果、必ず地域の価値の向上につながることでしょう。また、そこに住む人がどんなライフスタイルを送り、どんな家を好むのかを不動産業者が把握できれば、不動産資産の継承においても利用や活用の可能性を広げ、自らのビジネスチャンスはどんどん広がっていくはずです。

図22は、国土交通省が示す「住生活関連サービスについて」という資料です。この図では、建築、維持管理、取引、検査、相談などの住宅不動産業がすでに担っている「住宅関連サービス」が中心に置かれています。そしてその周囲には、医療・福祉、子育て、教育、趣味・カルチャー、移動、エネルギー、買い物・清掃など、私たちの日常生活と密接に関連する項目が「住生活関連サービス」として並んでいます。つまり、住生活関連サービスの産業化において、中心にある住宅関連サービスを起点として、住宅不動産事業が今後提供すべきサービス領域の拡大の方向性や可能性は数多くあることがわかります。

結局、街の空間資源を最大に活かすためには、「不動産ファースト」であることが大切なのです。不動産業者が、自分の地域と不動産とじっくりと向き合うことで、ビジネスチャンスはみえてくるはずです。

不動産相続の相談を受ける場面でも、まず最初の相談相手として考えられる弁護士や税理士、銀行は、決して不動産の利活用のプロ・専門家ではありません。まして日常からその地域にどんな不動産利用の需要があるかを見聞きする機会に恵まれている業務ともいえません。強いていうならば、彼らには、売却・換金化するか活用するか、あるいは不動産からの収益を最大化するような使い方の選択や判断を適切にできるための情報が不足していることも考えられます。

こうした相続相談をはじめとした不動産を起点にした住生活関連サービスを街に取り入れ、街の価値を高めながら個別の不動産の価値を高める、これが住宅不動産業界に求められていることです。

まずは不動産業者が、現在の不動産業界全体の問題をきちんと認識することから始め、自らのテリトリーを定める地域において、建築と不動産の融合を行い、不動産の取引から管理まで全てを自社及び自社ネットワークで完結できる体制を構築することが必要です。

図22 住生活関連サービスについて

住宅の新築・維持管理・流通等の住宅関連サービス、住宅に関わる保険や金融のほか、これらのサービスを取り巻く多様な住生活関連サービスが存在する

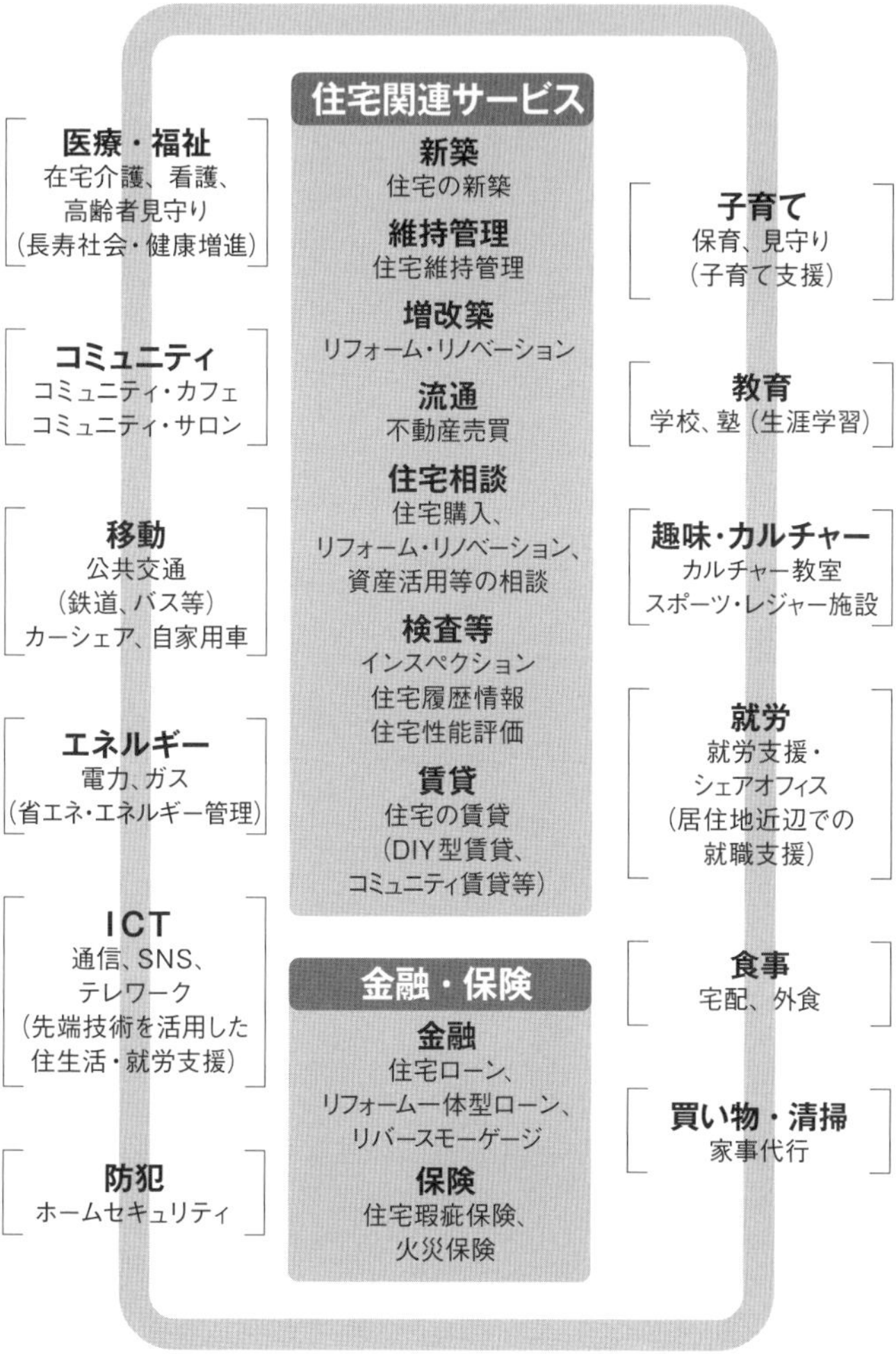

出典：国土交通省資料より

第5章

大相続時代を迎える不動産市場 あるべき不動産取引を本音でトーク

本書でも何度か触れたように、日本人の資産の多くは不動産です。とりわけ、住宅不動産資産の多くは、いわゆる高齢者層が所有していることはすでにご承知のとおりです。超高齢化社会を迎えた日本で、近い将来、現在高齢者層が握っている住宅不動産資産の世代間移転や個人間移転が今以上に数多く発生することは間違いありません。すなわち住宅不動産や土地の取引が増える可能性はとても大きいのです。

しかし現在の中古住宅や土地の取引では、品質がわからないまま取引をせざるをえないとか、価格の妥当性に不安を抱えたまま取引をせざるをえないなど、情報の非対称性が消えないといった課題があることは示したとおりです。家族の資産の価値を守り、円滑な財産移転を進めるためには、現在の不動産取引の課題を払拭するためのインフラや制度の整備は避けては通れません。

大相続時代を控え、これからの時代にあるべき不動産取引を進めるためには、インフラや制度の整備だけでは不十分です。

それ以上に変化が求められるのは、取引に関わる「人」とその「考え方」です。目前に迫りつつある大相続時代という大きな流れを理解すれば、「取引のプロ」として不動産業者が担う責務は大きく、従来のやり方に甘んじているだけでは済まないことは明らかです。

そこで座談会では、迫りつつある大きな変化を踏まえ、あるべき不動産取引の姿とその実践方法について、識者に議論をしていただきました。

座談会

大相続時代を迎える不動産市場あるべき不動産取引を本音でトーク

出席者

中城康彦（明海大学不動産学部　学部長・教授）
赤井厚雄（早稲田大学総合研究機構　研究院客員教授）
田中　歩（あゆみリアルティーサービス　代表取締役）
矢部智仁（ハイアス・アンド・カンパニー株式会社　執行役員）

司　会

本多信博（住宅新報社　特別編集委員・論説主幹）

司会（本多）　今、中古住宅市場の活性化が求められているわけですが、その中心的役割を担っているのが不動産業者（営業マン）であることは論をまちません。そこで、これからのあるべき仲介業と、営業マンが備えるべき能力と資質について議論したいと思います。最初に、そもそも不動産仲介とは何なのか、今日的にはどのような社会的使命を担っているのか、ご意見を伺います。

住宅取引は個人間の〝資産リレー〟

赤井　不動産の資産価値を維持していくためには、その不動産を社会的に最も有効に活用できる買い手に渡していく必要があります。つまり、マクロ経済学的には不動産という資源の適正配分こそが、仲介業者の社会的使命となります。

司会　住宅の資産価値を維持・向上させていくことが、中古市場活性化の重要な目的のひとつであることは確かです。ただ、一般的には売主はなるべく高く売りたいし、買主はなるべく安く買いたいわけですから、どうしても利害が対立してしまいますね。つまり、買主にとって中古の最大の魅力は〝安いから〟ということになります。しかし、これでは住宅は取引されるたびに価格を下げていくしかありません。そうした従来の発想から脱却するためには、買主も将来は売主になると考えることが重要だと思います。つまり、中古市場では個人間の〝資産リレー〟が行われていると考えるべきでしょう。そう考えれば、売主と買主は資産価値を継承していくということですから、両者は利益相反の関係ではなく、利害が一致しているということになりますよね。仲介はその資産リレーを仲立ちする、きわめて高度な、クリエイティブな仕事ということになります。

田中　そうですね。ただ、現実はどうでしょうか。依然として物件情報をもとに売りたい人と買いたい人をマッチングさせるという仕事にとどまっていて、それでいいと考える人たちがほとんどではないでしょうか。

しかし、それが成り立っていたのは物件情報の非対称性があったからで、近年はWebの発達によって、非対称性がなくなってきました。だから法人間では、仲介手数料のディスカウントが常態化しています。個人ユーザーも、買い手からはなぜいまだに3%も払わなければならないのかという疑問、あるいは不満が強まっています。

結論を言うと、かつてのような情報の非対称性を前提とした仲介の社会的使命はもう終わっています。というか、終わらないといけないと思っています。

司会　レインズの情報を業者だけでなく、消費者にもオープンにしてしまったほうがいいのではないかという議論もありますね。

田中　賛成です。クライアントと業者との間にある〝情報の非対称性〟をなくしていくことは、かなり重要な施策だと思います。繰り返しますが、情報の非対称性が仲介手数料を取れる根拠となっていた時代は、もうとっくに過ぎ去っているわけですから。

中城　私もレインズの一般ユーザーへの公開は賛成です。さらに、匿名取引を希望する場合を除き、すべての不動産物件は必ずレインズに登録されていて、どの業者に行っても同じ情報がある。それがスタートラインだと思います。同じ物件情報でも、それ

中城康彦
Yasuhiko Nakajo

明海大学不動産学部　学部長・教授
名古屋工業大学大学院工学研究科建築学専攻修士課程修了。福手武夫建築都市計画事務所、一般財団法人日本不動産研究所、Varnz America, Inc. を経て、1992（平成4）年スペースフロンティア代表取締役に就任。2003（平成15）年に明海大学不動産学部教授に就任。2012（平成24）年より現職。一級建築士・不動産鑑定士・博士（工学）。

をビジネスにつなげられるかどうかは、情報の加工力、分析力、付加価値力で決まります。

赤井　売るべき人から買うべき人につないでいく。それが仲介の使命と先ほど申し上げました。その際、これからは利用の仕方が変わってくると考えるべきでしょう。なぜなら、わが国にはもう十分なストックが積み上がっているからです。それらをどう動かすか、どう加工すれば動くか、さらに言えば新しいオーナーはどういう資金調達なら可能か、そういったことにすみやかに結論を出し、市場活性化に貢献するのが不動産業者（営業マン）の役割だと思います。

資産価値の維持につながる市場の改革

田中　情報の非対称性をなくしていくという作業が遅れたことも、人口が減っていくのに新築中心のマーケットを続けてきてしまったことも、〝市場の失敗〟だったのではないでしょうか。これまでは、神の見えざる手にまかせていたばかりに、市場の失敗を招いてしまった面が大きいと感じます。住宅政策の持ち家偏重で、新築住宅が供給過多になり、空き家が増加していることがその典型です。

司会　空き家増加の要因には、わが国の不動産業があまりに〝土地〟偏重で、建物価値を重要視してこなかったこともあるのでは？

赤井　宅建業者さんに建物知識が不足しているのはそのためですが、それでも支障がなかったのは、かつては地価が一律に上がっていたからです。

中城　高齢化と少子化が同時に進み、それが住宅需要を減退させ、地価や住宅価格の下落をもたらしてきました。そのため住宅を取得しても資産形成にはならず、下手をすると債務超過状態になっています。簡単には建替えや買い替えができない所得環境になっています。その結果、住宅を築20年で建て替えるこれまでのやりかたはさすがに通用しなくなりました。中古住宅市場の活性化が国策となっている最大の背景がそこにあります。

司会　なるほど。すべての始まりはバブル崩壊にあったということでしょうか。

中城　そうですが、それを嘆いていても仕方ありません。良質なストックを増やしながら、いつまでも大切に使っていく社会に向かうほかありません。例えばインスペク

赤井厚雄
Atsuo Akai

早稲田大学総合研究機構　研究院客員教授
慶應義塾大学法学部卒、東京大学EMP修了。内閣府稼げるまちづくりの推進に関する検討委員会座長。国土交通省不動産投資市場戦略会議座長代理、内閣官房都市再生の推進に関する有識者ボード、同ふるさと投資プラットフォーム推進協議会、国土審議会不動産鑑定評価部会、国土交通省・世代間資産移転の促進に関する検討会等の委員等歴任。ハイアス・アンド・カンパニー株式会社社外取締役。

ション（建物調査）を普及させるのもその一環で、中古でも安心して家を買えるようにして市場を活性化させることができれば、資産価値維持にもつながります。

これからの不動産営業に求められる資質は？

司会　例えば、インスペクションが普及するかどうか、その最大の鍵は何でしょうか。

矢部　それは、もちろん、今回の宅建業法改正がうまく機能するかどうかでしょう。インスペクションの活用促進が仲介業者の業務の一環となったわけですから。その中のひとつ、インスペクション業者のあっせんは、これからの仲介業者の仕事の方向性をわかりやすく示したものといえるのではないでしょうか。

司会　と言いますと。

矢部　つまり、インスペクションを活用することで、仲介しようとしている建物の状況を明らかにし、買主の利益を保護しなければならなくなったということです。

司会　宅建業法改正の趣旨が「消費者利益の保護の一層の徹底」にあることからして、当然そうなりますね。消費者利益の保護という、これまでは概念的に求められていたことが、具体的な行為として求められるようになったということですよね。

田中　依頼者の利益を守るためには、従来の宅建資格レベルでは心許ない時代になっていると思います。建物に関する知識はもちろんですが、ほかに金融、税制、法律、経済に関する知識も求められます。さらに言えば、あとからお話が出るかもしれませんが、暮らしを創造していくデザイン力も必要だと思います。

赤井　まさにクリエイティビティが求められているのだと思います。新築は、例えば子育て世帯など同じような世代を対象に大量に売れればよかったわけですが、ストック時代には住宅を異なる世代間で流通させるだけでなく、まったく異なる用途にコンバージョンするなどのアイデアと創造力が求められるわけです。
そのためには、金融を引っ張ることも必要だし、これまではつながっていなかった人たちもつなげなければならないので、人的ネットワークも必要です。そうしたプロモーション能力は地域に精通していなければ生まれてきませんから、大都市圏の大手の社員よりは、地域に密着した中堅・中小の事業者のほうに強みがあると思います。

今後は不動産業界の倫理性が問われる

司会　要するに、宅建士の更なる研鑽《けんさん》と資質向上が求められる一方で、囲い込み問題に象徴されますが、業界の倫理性も大きな課題となっています。

赤井　倫理の問題でもありますが、日本の場合は、物件情報を囲い込めてしまうこと自体に問題があると思いますね。〈ステータス管理〉という新たな仕組みができて、一定の機能は発揮するでしょうが、もっと根本的な対策が必要だと思います。物件情報をもっとオープンに、消費者でも業者でも直接触れられるアベイラブル（入手可能）な情報にすべきです。例えば、ある業者が両手で利益相反があるような取引をしたときに、「ちょっと待った」とそこに参入してくる業者がいるようにしておくことが必要でしょう。クライアントにとって利益を害する取引をなくすという情報インフラが整っていなければ、私が最初に申し上げた資源の最適配分にはつながりませんから。

司会　不動産という大切な資産を扱う仕事なのに、営業マンの倫理性を最低限担保する措置として、米国のセールスパーソンのような公的資格を義務づけたらどうかという議論が出てこないのが不思議だと思います。宅建士試験よりも実務面は難度を低くして、倫理規範を重視したものでいいと思います。それを年に2回ぐらい実施したらどうでしょうか。

中城　日本では個々の不動産営業マンは会社に雇われていますから、顧客や社会に対する倫理違反があったとしても、多くは匿名性の処罰にとどまります。会社がシェルターになっているわけです。おっしゃるように、不動産は個人にとってきわめて大切な財産ですから、ストレートにペナルティを受けたほうが、業界の信頼向上につながると思います。

司会　現在は宅建士の資格がなくても物件案内ができますし、成約に向けてのさまざまな交渉も可能です。そして、いざ契約となったら、宅建士の資格をもった別の営業マンが出てきて重説を始める。それまで担当してきた営業マンは脇に座っているという格好はどうみてもおかしいと思うのですが。

田中　そうですね。

赤井　営業マンであれば誰もが持たなければならない資格は、証券外務員資格のように金融商品の世界にはありますね。外務員が事故を起こすと登録されて、その仕事には携われなくなります。金融庁が監督をしていて、立ち入り検査も行っています。不動産の世界はそういう意味では非常に緩いですね。

司会　それはどうしてでしょう。

赤井　金融資産と比べると、不動産という資産がまともに扱われてこなかった歴史的経緯があると思いますね。しかし今後は、それは許されないと思います。特にこれから中古を転々流通させる仕事が増えてくるのだとすればなおさらです。ただ、営業マン全員に資格を持たせて倫理を守れといっても、だれがチェックするのかといった問題もあるし、守らせるための枠組みを整備しなければなりません。方向性としては正しいと思いますが、各論としてはかなり検討しなければなりませんね。

中古住宅市場拡大に求められる不動産営業の姿は？

司会　さて、ここからが本番です。今、赤井さんから中古を転々流通させる仕事が増えてくれれば、というお話がありました。日本経済は高度成長時代がとうに過ぎ去り、その後の安定成長時代も終わって、低成長つまり成熟段階に入ったことは間違いありません。インバウンドやテクノロジーの進化で、再び２～３％の安定成長時代を迎えることはあるかもしれませんが、低成長下でも豊かな暮らしを実現するための新たな

田中　歩
Ayumi Tanaka

あゆみリアルティーサービス　代表取締役
慶應義塾大学経済学部卒、旧三菱信託銀行入社。おもに、上場企業や土地持ち富裕層向け不動産売買・活用コンサルティング業務、不動産証券化およびファイナンス業務に従事。２００９（平成21）年「あゆみリアルティーサービス」を設立。中古住宅流通の活性化に向け、ホームインスペクション付仲介や老朽化アパート再生事業（木賃デベロップメント）などのプロジェクトを手掛ける。ＮＰＯ法人日本ホームインスペクターズ協会理事。

発想が求められていると思います。

そのひとつが、住宅では新築から中古市場への重点シフトだと思いますが、政府が目標としている中古市場倍増を果たすためにこれからの仲介システムはどうあるべきでしょうか。

矢部　今、問題になっている空き家活用なども含め、個人の資産コンサルティングができる営業マンをどれだけ増やせるかがポイントだと思います。

司会　資産コンサルティングというと、概念としてはかなり幅がありますね。

田中　私が役員をしている会社が今度、新しい仲介システムを始めましたが、これは売主に対する資産コンサルティングといっていいと思います。

司会　説明していただけますか。

田中　築30年ぐらいの5ＬＤＫマンションですが、普通に売ると安く買いたたく転売業者ぐらいにしか売れません。そうかといってそのままの状態で仲介に出しても生活臭がにじみ出ていますから大変売りづらい。そこで、何かいい売り方はないかということで考え出したシステムです。

具体的にはリビングと、その隣の和室だけをスケルトン状態に戻して、買い手が自由に創造力を働かせリノベーションしてもらうという方式にしました。スケルトンにしてリビングと和室との境壁をなくしたところ、玄関を開けるとすぐに光と風が入ってきます。もともと持っていた角部屋物件としての高いポテンシャルを買主に感じ取ってもらうことができます。すぐに売れる自信はあります。

もうひとつのポイントは、その解体費（約１００万円）を私たちの会社が立て替えている点です。想定している価格で売れるかどうかわからないのに、１００万円の工事費を出せる売主さんはいませんから。売れた時点で立て替え分は返してもらいます。いつまでも売れなければ仲介会社のリスクになるわけですが、仲介会社はプロとしてその程度のリスクは負うべきと考えました。

司会　なるほど。従来型の仲介は、基本的に会社はリスクを負いませんからね。

田中　さらにちょっとゲーム感覚の仕組みも用意しました。もし、想定した価格よりも高く売れたときには私どもが受け取るコンサルティングフィーが増額され、反対に想定価格よりも安い価格でしか売れなかった場合は仲介手数料を減額するというもの

矢部智仁
Tomohito Yabe
ハイアス・アンド・カンパニー株式会社　執行役員
慶應義塾大学経済学部卒、株式会社リクルート入社。住宅情報事業部門に配属後、2009（平成21）年リクルート住宅総研 所長として調査研究活動に従事。2014（平成26）年ハイアス・アンド・カンパニー株式会社入社、ハイアス総研主任研究員を経て現職。住宅不動産市場の専門家として国土交通省が設置する委員会等の委員を歴任。

です。

買い手を絞り込むコンサルティング力

司会　従来と違う新しいセンスを感じますね。つまり、仲介にコンサルティング要素を取り入れ、その成果が十分に発揮されたときにはコンサルティング報酬を多めにいただく。こうしたやり方が普及すると、コンサルティング能力のない仲介会社が淘汰されていく可能性がありますね。

矢部　買主を見つけてくるのは別の仲介会社ですね。

田中　原則そうなります。私たちの会社はあくまでも売主側のエージェントですから。なので、リノベーションを自分でやりたいという買い手を集めている業者さんとか、リフォームが得意で買い手に提案できる仲介業者さんだと有望ですね。

矢部　そういうセグメントをして、ピンポイントで声を掛けるわけですか。

田中　そうです。

赤井　面白いですね。そういうセグメント化した仲介のやり方であれば、必ずしも大きな会社でなくてもいい。これまで多くの売主が大手仲介会社を選んでいたのは、大手であれば買い手がいっぱいいるだろうからという理由だったわけですが、要はいかに買主を引っ張ってこれるかということですから、中小の仲介業者さんたちが手を組んで、ピンポイント的に買主を見つける仕組みをつくればいいわけです。

司会　中古市場拡大には、やはりリフォームとかリノベーションに関する提案力が大きな要素になりそうですね。

田中　中古を選ぶ大きな要因のひとつが、自分好みの改装ができるということですからね。ＤＩＹも含めてですが。

司会　日本の場合、新築を購入した人が、おいおいＤＩＹで自分好みに改装していくという話は聞きません。日本人は住まいをＤＩＹする楽しみをなくしてしまっていると思いますが、中古市場であればそれが可能ですね。

矢部　そう思います。そういう意味では、古い住宅を改装しながら、自分の暮らしに合った住まいを自ら楽しみながら造っていきたいという人が増えれば、需給関係が改善して中古住宅のマーケットプライスを上げる可能性があります。さらにリフォームの仕方によっては資産価値を上げることもできるでしょう。

司会　私は、中古市場で家を買うということは、外枠ではなくリフォームで自分にマッチした理想のインテリアを求めることだと思っています。

仕事が必要とする知識は身につく

司会　では、最後に今日の議論のまとめをしていきたいと思います。中古市場拡大のための新たな仲介業とは何か、求められる営業マンの姿勢などについて最終スピーチをお願いします。

田中　先ほども申し上げましたが、宅建資格レベルでは私はもう無理だと思っています。プラス、そこに建築の知識と金融の知識を最低限身につけないと、今のお客様のニーズには応えられないと思います。また、これからは仲介業でも地域づくり、まちづくりに関わっていく時代だと思います。特に、賃貸では、こういう人たちにこのアパートや、空き店舗を借りてほしいといったビジョンが必要だと思います。例えば、評判を呼ぶパン屋さんとかですよね。

司会　営業マンが今から建物や金融の知識を学び直すことは可能でしょうか。

赤井　仕事のうえでどうしても必要と感じれば、人間はいくつになっても勉強できると思います。体系的ではなく、必要なものから順番に学んでいけばいいんですよ。ハイアークラブでやっていることなどがまさにそうですね。いろいろな機能がありますが、必要なものから順番に習熟していって、それが実務に生かされていって商売になれば、そこからさらに広げていくことができる。第1章から順番に読んでいく必要はありません。

矢部　ハイアークラブで提供しているアプリケーションコンテンツは100以上ある

ので、全部使わない人もいますし、趣味的に全部見る人もいます。使えるものから使って、自分の目の前にあるソリューション、問題解決策として提案していくことができます。

私は大学で不動産学というのを建築科の学生に教えていますが、彼らは卒業しても多分自分たちは、建てるという仕事にはありつけないと思っているところがあります。そこで私は彼らが悲観する前に、建築というのは建てた瞬間から不動産になるわけだから、不動産というものをしっかり理解するように勧めています。その理解すべき不動産とは何かというと、工学的な要素もあるし、法律という要素もある。経済とか経営という要素もあるし、あるいは住宅であれば家政学のような家族のあり方みたいな話もあるので、興味は幾らでも広げられるんだと鼓舞しています。

中城　不動産を見る目が大事だという点は、まさにそのとおりだと思います。冒頭にも申し上げましたけれども、幅広いニーズに応じる、あるいはニーズを掘り起こしてみんなを幸せにしていくためには、情報を集める力、分析する力、アレンジして提案する力が必要ですし、最後はそれを説得といいますか、伝える力だと思います。このことを、少し飛躍がありますが比喩的に言うとこういうことです。宅建業法には35条と37条はあるのですが、36条がない。あくまでも比喩ですが。つまり、契約前の重説と契約した後の一定事項の書面交付規定はありますが、契約書を誰がつくるかということについてはどこにも規定がありません。このため、民法の原則に戻ります。これだけ複雑になった中古の住宅流通の契約書を、素人の売主と買主がつくるという立て付けになっています。仲介業務における最後の成果物が契約書です。さまざまな交渉過程を経て、その内容を契約書に落とし込むわけです。それが契約書をつくるということです。しかし、このことについて現場、特に中小業者の方々は少なからず誤解を

司会
本多信博
Nobuhiro Honda

住宅新報社　特別編集委員・論説主幹
早稲田大学商学部卒。住宅新報編集長を経て、現職。日本不動産ジャーナリスト会議会員。明海大学非常勤講師。著書に『大変革・不動産業』（共著・住宅新報社）『一途に生きる！』（住宅新報社）などがある。

していて、それは宅建業者がつくらなければいけないし、つくる権利があると思っています。しかし厳格には非弁行為に該当する危険性がないことはない。となると、このところだけ弁護士がやらなければいけないということになってしまいます。

田中　契約書案までですからね、われわれがつくるのは。

中城　ですから、私は不動産の専門家（宅建業者）であれば、契約書は完璧につくれるということ、少なくとも不動産のことについては弁護士と遜色ない能力があるんだということについて、社会的に認知を受けることが非常に重要だと考えています。

司会　それは、宅建業法の不備ということですか。

中城　不備ですね。契約内容を取りまとめるというプロセスを今まで以上に、深く広くやるということが求められているわけですから。苦労して取りまとめた内容を契約書という形で表現する仕事は宅建業者がいちばんふさわしいし、実態的にできるということを明確に法文にしておく必要があります。

矢部　そうですね。不動産はまったく同じものはないわけで、個別の契約書がその契約交渉の成果になるわけですから。

司会　多分、標準契約書というのがある限り、そこに当てはめようとしてしまう傾向があるということですね。

中城　そうなんです。中古住宅の多様な個別性を反映したものこそ重要なんですが。

矢部　これまで営業マンは成約にこぎつけることだけを優先して、一生懸命やっていればよかったわけです。でも、それだと、先ほど赤井さんがおっしゃったクリエイティビティにつながらない。

赤井　クリエイティビティをもつためには、いろんなことに興味を抱くことが基本です。特にこれからは、地域の再生に関心をもってほしいと思いますね。例えば、空室の多いアパートを3棟まとめて商業施設にしたら、地域の活性化に役立つのではないかといったようなことです。今は存在していないものをイメージする力ですね。

中城　大事なことは、地域や社会に貢献しているというやりがいと、誇りをもつことではないでしょうか。先ほどの倫理の問題などもそこができていれば、自然に担保されてくると思います。

司会　中城さんに、きれいにまとめていただいたところで、座談会を終了したいと思います。皆様、本日は貴重な、そして刺激的なご意見をたくさんいただきましてありがとうございました。

付　録
ハイアス・アンド・カンパニーの企業理念

ハイアス・アンド・カンパニーの企業理念とマイハイアー

私たちハイアス・アンド・カンパニーは、2005（平成17）年の創業以来、「住宅取得が個人の資産形成に直結する社会の実現」を目指し、個人が住宅不動産を納得し安心して取得（購入）、居住（運用）、住替（売却）できる環境をつくることに貢献することをテーマに活動してまいりました。

この本の中でも繰り返し記していますが、これまでの日本の住宅不動産市場は消費者と供給者の関係がアンバランスでした。とりわけ「情報」という点で大きな格差が存在していたのです。生活者が住宅不動産の取得を検討、選択するにあたって、自分の暮らしにとって最も優先すべき事項は何か、その判断軸をどう持つべきか、そのような知見をどこでどのように身につければよいか、それがわからないまま検討、選択を進めなくてはならない市場でした。

本来であれば、事業者の高い倫理観のもとで、より資産価値の高い品質の住宅不動

図23 ハイアスの使命：住宅不動産の取得が個人の資産形成に直結する社会を現実する

産を、より透明性の高い情報提供を通じて判断し入手できるよう、適切な機会を与えることが必要です。しかし、現実には住宅不動産市場のなかの住宅建築事業、分譲事業など住宅供給分野においても、また、売買、賃貸の仲介をはじめとする不動産取引の分野においても、多かれ少なかれ「情報の非対称性」を背景とした生活者と事業者の関係が存在しています。その結果、「こんなはずではなかったのに」という住宅不動産の取得における生活者の不満、不安はなかなか減らないのが現状です。

ハイアス・アンド・カンパニーはそうした情報の非対称性をなくし、個人が住宅不動産を納得し安心して取得（購入）、居住（運用）、住替

（売却）できる環境づくりを進めています。

今回紹介するマイハイアーも、住宅不動産業者がプロとしての情報提供を徹底して行うことで、生活者が必要な情報を適切に入手し、自身の判断で財産の継承や活用を進めることができるように支援するためのツールとして、開発したものです。以来、全国各地の住宅不動産事業者の皆様に向けて、広めてきました。

また、マイハイアーをより効果的かつ実践的に活用し、地域の地主や富裕顧客に対して自宅や遊休地、収益資産などの不動産資産に関する相談に応じるためのコンサルティングスキルや、多様なソリューションと提案力を高め合う、不動産資産相談のインフォームドコンセントを実践するネットワーク「ハイアークラブ」の運営も行ってきました。

マイハイアーの開発秘話

このマイハイアーにはパートナー開発者がいます。その開発者は山本嘉人さんといいます。山本さんは常々「不動産業とは、お客様に自身で判断してもらうためプロとして不動産情報を徹底的に提供する仕事である」といいます。ここからは、開発秘話として山本さんへのインタビューを基に、マイハイアーとハイアークラブが掲げた理念をご理解いただければと思います。

ハイアス・アンド・カンパニー株式会社 顧問・マイハイアー開発者　山本嘉人インタビュー

忘れられない言葉

山本嘉人さんには、今も忘れられない言葉があります。「あなた、たったこれだけの仕事で6％も手数料とるの、いい商売ねぇ」30年前、とあるオーナーから言われた言葉です。そのころ、山本さんはそれまで勤めていたコンサルタント会社を辞め、地元の島根で不動産コンサルタントとして独立したばかりでした。なんの後ろ盾もなく、まずは不動産オーナーへのあいさつ回りから始めた山本さん。待ち受けていたのは、想像を絶する受難の日々でした。

「怒鳴られて門前払いは当たり前。オーナーさんにはすでに懇意にしているベテラン営業マンがいて、そこに割って入っていくのは難しかった。『なんだ、お前手ぶらで来たのか。酒でも持って来い』と言われたり、ひどいときは頭から水をぶっかけられたりしました」と山本さんは言います。

まともに話を聞いてもらうことも容易ではない状況の中、独立のために貯めておいた手持ち資金を半年で使い切り、国民金融公庫から運転資金500万円を借りるものの、それも1年半でなくなってしまいました。

「30歳で開業して、2年後に残ったのは現金わずか500円。妻と子どもを養いながら、住宅ローンの返済も抱えて、正直いちばん苦しい時期でした」。

サラリーマン時代に取得していた社会保険労務士や行政書士、測量士の資格を生かし、それらの仕事の報酬で食いつなぐ毎日。そんななかで、ベテランの不動産営業マンに負けないよう、山本さんは必死に勉強したそうです。営業力で勝てないならば自分の得意分野でもある税制、年金、不動産の収益性について勉強して、そういった切り口から話をしてみようと考えました。

質流れのパソコンでつくった計算ツールでオーナーの「真の願い」に気づく

あるとき、いつものようにあるオーナーの家をたずねると、「また君か、どうせアパートを建てろってことだろ」と言われました。「いや、僕にできることがあれば協力したいだけで、アパート云々は一切関係ありません」と言うと、そのオーナーはやっと山本さんを家の中に招き入れてくれたのです。そして、オーナーの話を聞くうちに、とある質問がその人の口からこぼれました。それに対して、複雑な計算をしたうえで、数字を1つ入れ替えただけで総額がどう変化するのかを説明したかったものの、その場では答えを出せなかった山本さん。「調べ直してきますので、数日後に答えさせてください」とお願いして、向かったのはなんと質屋でした。

「そのときはまだパソコンが出始めたころでとても高価だったので、質流れ品のパソコンを買いました。友達からエクセル以前の表計算ソフトだった『ロータス1-2-3』を譲ってもらって、オーナーさんの質問に瞬時に答えられるように計算式と図表をつくったんです」

山本さんは、それを持って再びオーナーのもとを訪問しました。数字を入れ替えるだけで図表の折れ線グラフが劇的に変わる様子を見て、オーナーは驚き、その時から山本さんを見る目がガラッと変わったといいます。

その時、山本さんが痛感したのは、「お客様はこれを必要としているんだ」ということ。オーナーは誰しも不動産や金融、投資のプロではありません。たまたま親から譲られた土地を持っているという人も多く、その土地をどうすればいいのか持て余している状態なのです。そんなときに、プロからさまざまな情報を与えてもらい、正しい知識を身につけて「自分で判断する」、これこそが世のオーナーが求めていることだと、山本さんはこのとき確信します。

「島根のような田舎では、土地活用に失敗すると大損をする。きっと、不動産屋に『何かやらされる』という恐怖感から、みなさんあんな態度を取るんです」。そのことに気づいて、オーナーの疑問にとことん答える営業の仕方に変えてから、山本さんの仕事はトントン拍子にうまくいき、成約率はほぼ１００％。会社は右肩上がりの成長を遂げたのです。

誰もが思わず前のめりになるシミュレーションソフトに成長

山本さんの理念を叶えるためにつくられた、「質問に答えるためのツール」。オーナーから質問が出るたびにコンテンツを増やし、ついには「マイハイアー」というシミュレーションソフトとなりました。そして、山本さんは不動産のプロの全国ネットワークである「ハイアークラブ」の顧問となり、現在はハイアークラブ加盟店が主催するセミナーで登壇したり、個別相談会で相談を受けたりするために、北は北海道から南は沖縄まで、全国津々浦々を飛び回る毎日です。

「個別相談は30~40分程度の短い時間ですが、実に多種多様な案件とお悩みが飛び出してきます。つい先日も、『建物の所有者は法人と個人どちらがいいか』と聞かれて、すぐには答えが出なかったんです。それでまた新しいコンテンツが増えました」と笑う山本さん。土地活用や相続だけでなく、金利計算や生命保険まで、条件を入力し、数字を入れ替えるだけで、折れ線グラフや棒グラフが劇的に変化する様子は、素人目から見てもよくわかり、ついつい見入ってしまいます。

「通常のセミナーでは、ただ椅子にもたれかかって聞いているだけの人がほとんどなんですが、マイハイアーで数字をいろいろ変えてシミュレートしてみて、実際にグラフが変化する様子を見ると、とたんに皆さんが『エッ』と前のめりになるのがわかる。そうすると、その後の個別相談では、『自分の家の場合はどうなるのか、実際にやってみてほしい』ということになるんです」と山本さんは言います。

ハイアークラブのソリューションは、実体験から

ハイアークラブのメンバーが活用するツール、マイハイアーには多様な相談に乗るためのノウハウが詰まっています。これらの価値は、実際の相談事例が起点となってメニュー化されていることにあります。開発者の山本さんは、マイハイアーの原型を開発して以来、これまで3000組にも及ぶ個人の資産相談を受けてきました。この章では、ほんの一部だけ、相談事例を紹介します。

【個別相談事例1】
相続問題、相続人の取り分は？

僕ら不動産会社の人間は、個人の税金に関する細かい話はしてはいけないことになっています。税理士法に引っかかるから。ただし、例えば「財産がこれだけあって、家族が何人いたら、そのときこれくらいの税金がかかるようになっているんですよ」という概略の話であればアドバイスは可能です。お客様が聞きたいのは、その程度のざっくりとした話なんです。

例えば、Aさんには3億円の財産があるとします。相続人は妻と2人の子ども。仮

図24「配偶者の配分別」相続税額比較

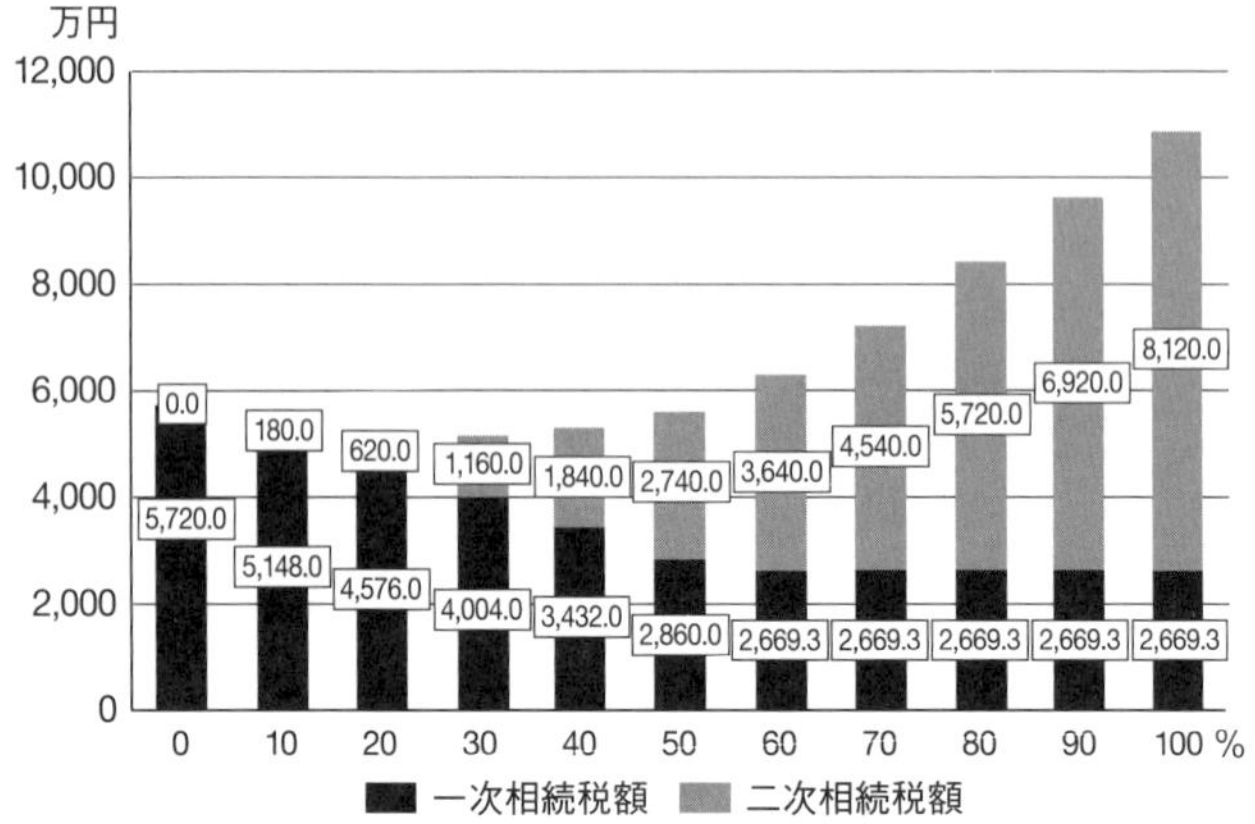

※一次相続での配偶者への配分額を変えることにより、相続税の合計額の変化がわかる。

に、Aさんが先に亡くなったとして、妻は干支がひと回りくらいした後に亡くなるとする。Aさんが亡くなった時に、最終的な相続税額がいちばん少なくて済むようにするには、3人がどんな割合で財産を分ければいいでしょうか。こういう相談は結構多いんです。ちなみに、Aさんの財産はほとんどが不動産、妻は3000万円のへそくりを持っているとします。最終的に妻も亡くなったら、その財産を今度は2人の子どもたちで分ける「二次相続」というのがあるので、よく考える必要があります。これは脱税ではなく適正な節税です。分け方を間違ったらAさん一家は税金を余計に払ってしまう可能性があるんですから。

普通に考えたら、妻2分の1、子どもたちにそれぞれ4分の1が法定相続割合ですね。でも不動産がほとんどだから、そう単純には分けられません。よくやるのが、妻が多く相続するほど相続税が安くなるからとりあえず妻に全部集めておいて、妻が死んだら2人で分けろというやつです。しかし、これはあくまでも不動産の分割対策の話なので、具体的に「マイハイアー」で計算して、目の前で見てもらいます。財産や家族構成などの条件をどんどん打ち込んでいき、さらに3人が受け取る割合をいろいろに変えていくと、どれがいちばん得かがわかるんです（図24参照）。

まず、1回目の相続の時に妻が相続する割合をゼロにした場合、最初から子どもたちが半々で分ける。このとき、子どもたちにかかる税金は2860万円ずつになります。2回目は妻の現金3000万円だから、基礎控除の範囲内で子どもたちには税金は1円もかかりません。1回目に妻が受け取る割合を多くすればするほど、子どもにかかる税金は少なくて済むけど、二次相続の時に子どもの相続税額は膨らんでしまいます。では、どんな割合だと最も税額が少なく済むか。数字を変えてみると、最初の相続の時に妻に3割、残り7割を子どもたちで分けると、二次相続も含めて最も節税効果が高いという結果が出ました。

最も少ないときと最も多いときを比べると、何と最大で5625万円を違ってくることがわかります。これは結構大きな話でしょう。しかし、もちろんこれが結論ではありません。こうなることがわかったうえで、どうすべきか考えることが大事じゃないか、という話なんです。

【個別相談事例2】土地活用をパターンで比較してみる

土地活用には、たくさんの選択肢があります。マイハイアーにはいろいろな選択肢が用意されていて、それぞれ計算できるようになっているんですが、ちょっとやってみましょうか。

夫の財産が主に土地で3億円相当、法定相続人は奥さんと子ども2人、相続発生は25年後で、その間の財産の上昇率はゼロで見て、活用する土地は120坪で坪単価50万円（借地権割合50％、借家権割合30％）として、現金収入がある場合には、その

90％は相続財産として使わずに残していくとしましょう。

いくつかある選択肢の中で、貸店舗は今不景気だし難しいだろうから除外し、定期借地はよほどいい場所でなければ借り手がないので外します。何もしないで放っておく、月極めで青空駐車場を貸す、賃貸住宅を建てる、このパターンで見ていきましょう（図25参照）。

まずは駐車場の場合。簡易舗装をすると初期投資に１８０万円くらい、17台停められて１台当たり賃料が月１万５０００円。空車率は５％をみて、借入れは自己資金なしの10年、０・８％の金利で借りるとします。この場合、土地の固定資産税は年額約89万円になります。

次に賃貸の場合。戸建ての賃貸住宅を３４００万円で４棟建てるとします。家賃は１戸当たり月15万円、経費の内訳は初年度経費５・５％、管理料５％、年間維持費は20万円くらいで、維持修繕費は毎年１％ずつ上げていきましょう。空室率は当初５％、15年目以降は古くなるので10％をみて、借入れは自己資金ゼロの25年返済で金利２・５％。土地の固定資産税と都市計画税は賃貸だとそれぞれ６分の１、３分の１になる

図25「相続税額」と「現金収支」

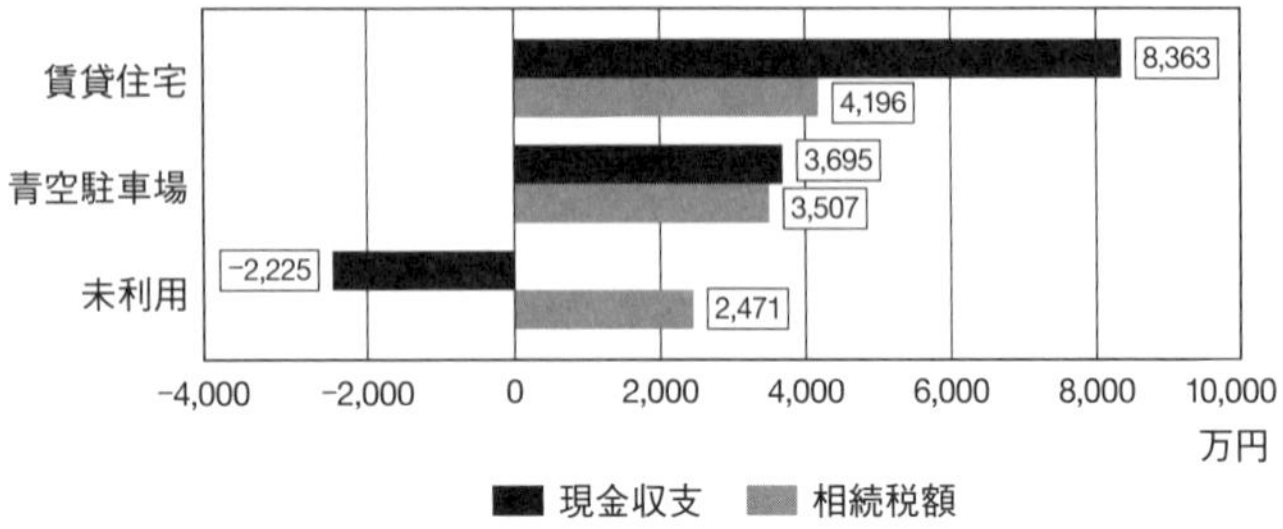

※土地の活用法別の相続時の相続税額とそれまでの現金収支累計額がわかる。

ので年額約18万円になります。

さて、この条件でもしも25年後に相続が発生したときに、その時の相続税額と土地活用によって新たに残るお金はどうなるでしょうか。

賃貸の場合は４２００万円相続税を払っても、８３００万円の財産が増えているので、結果として４０００万円以上の財産が残る計算になります。駐車場の場合はほぼ トントンで終わり。

そして、何もせずに土地を持っておいただけの場合、ただ固定資産税を払い続けるだけなので右肩下がりに下がってしまう。25年間で累計２２２５万円の固定資産税を取られたうえに、相続の時には２４７０万円の税が取られるので、合わせて４６００万円の資産喪失となるのです。

これを見ると、何をやるかによって８０００万円から1億円くらい違ってくることがわかると思います。これをひとつの判断材料にすると、賃貸市場がある土地を持つオーナーはほとんど賃貸を選択する。ただ、僕は「これをやったほうがいいですよ」とは絶対に言いません。僕にそれを決める権利はないし、それはその人の人生だから。

日本には土地活用の土壌がないとよくいわれます。土地活用のリスクを恐れて、賃貸に手を出す人は少ない。空室を心配する人には、最初から空室率を最大限に多く見積もって6割がずっと空くとすると大体プラマイゼロになりますね。この場合なら駐車場のほうがいいかもしれません、とシミュレートしてあげます。

未来は誰にもわからないので、それは予測するしかない。ただ僕は、お客様に納得してもらうために、判断するための材料はとにかく徹底して渡すようにしています。

【個別相談事例3】

変動金利と固定金利、どっちがお得？

住宅に限らず、ローンを組んでいる人には、固定金利と変動金利はとても身近な話です。業者によっては変動のほうが絶対得、と言う。なかには固定を勧める人もいます。ちょっとベテランになると、「その人のライフスタイルによって異なります」とかファイナンシャルプランナーみたいなことを言う。でも、その3つはどれも答えになっていないんですね。

質問をする人は、ローンに対しての将来不安があるから聞くわけで、これにプロとしてどんなアドバイスができるかというと、金利が変わった場合どうなるか、そこをつかんでおいて判断してはいかがですか、と言います。これは残念ながら銀行でもどこもやっていません。まず、4000万円のローンを組むとします。35年返済で、固定金利2・6％の場合と、最初の10年間は0・8％の固定金利でそれ以降は変動という場合、どちらがいいか。

もしも後者の変動金利が11年目以降多く見積もって4％に上がるとしても、これを一本の金利に直すと2・506％の金利で35年間借りるのと同じなので、後者の方が割がいいのがわかります。

さらに、金利が安いうちに繰り上げ返済をすると効果があります。例えば、2・6

%の固定だと毎月の返済額は14万5151円、0・8%なら10万9224円なので、毎月の返済額が約3万6000円違う。金利が0・8%固定の10年間に、2・6%で借りているつもりになって繰り上げ返済していくとどうなるでしょう。毎月3万6000円だから年間43万2000円、これを使わずに貯めて3年後に130万円、6年後に同額、10年後に171万円を繰り上げ返済するんです。

そうすると、11年目から金利が4%になったと仮定しても641万円の利息が浮いて返済期間は5年8カ月短くなります。返済総額は5371万円になり、2・6%の固定で借りた場合よりも725万円安くなります。僕らのアドバイスひとつでその人の人生が結構変わることがわかるでしょう。お客様にもずいぶん納得してもらえます。

僕らは銀行員ではないし、士業をやっているわけでもない。ただ、住宅の売買とか不動産の相続をやる場合には、税金とかファイナンスはプロとして当然のエチケット。これをやったからといって、ありがたがられるのは逆におかしな話で、本来ならプロとして仲介手数料をもらうのであれば、最低限ここまでの判断材料をそろえるべきだと僕は思っています。

【個別相談事例4】

将来が不安な人のための年金づくりについて

若い人のなかには、自分が年を取ったとき年金がなくなっているかも、という不安がある人が多いですね。年金積立をするという方法もありますが、例えば、父親が都内で50坪くらいの土地を駐車場にして持っていたとしたら、子どもがその土地を親から借りて、戸建て賃貸を建てる場合に、老後資金の蓄えという見方をしたときにどれくらいの効果が得られるかみてみましょう。

現在35歳で預貯金４００万円、年間15万円くらいは預貯金が増えていくとします。公的年金以外に65歳から90歳まで、毎月８万円は欲しいことにしましょう。

年金積立の場合、運用利率は０・05％。積み立てている間は、何かあったら多少保険機能があって積み立てた金額の１０２％くらい返ってくるとします。65歳までは積み立てていって、それを過ぎたら積立金を取り崩していくのが年金積立ですね。毎月の必要積立額は約６・９万円になります。

もうひとつは親の土地を借りて戸建て賃貸２棟を建てた場合。１９００万円で建てて、世帯当たり月９万円の家賃を取るとすると、表面利回りは11・４％くらいになります。借入期間はあえて長めの25年ローンで頭金ゼロ、金利は２・５％。35年間は賃貸として貸すとすると、建物は価値がなくなり、土地はもともとあるものだから最終的な売却価格はゼロになる。この条件のときに65歳から90歳まで、公的年金以外に毎月８万円自由に使えるだけの蓄えが得られるでしょうか。

試しに計算してみると、十分得られることがわかります。条件が悪くなったらどうなるか、いろいろ試してみるといいですね。結構効果があります。親が土地を持っていれば、賃貸住宅を建てた瞬間から手元資金はずーっと増えていきます。持ち出しもない。これで自分の年金がつくれます。しかも、アパートローンでは団体信用生命保険がついているから、例えば45歳で子どもが亡くなったとしたら、ローンがなくなって家賃がそのまま入ってくる。つまり、遺族年金の役割も果たすんです。

【個別相談事例5】

相続税がほとんどかからない人

個別相談に訪れる方は、何から相談していいかわからないという人が多いんです。2015（平成27）年から相続税が上がったから不安でたまらない。でも士業の人に頼むほどお金はない。どこに相談していいかわからない。「相続セミナー」のチラシを見て「じゃあちょっと行ってみようか」といっていらっしゃる人がほとんどです。

そういう方は、そもそも自分たちに相続税がかかるのかどうかがわからないので、スタートができない。実は、ほとんど税金がかからない人でも、「大変ですよ」と言われて田んぼをつぶしてアパートを建てているというケースはあります。地方では、田んぼのど真ん中にアパートが建っているところはいっぱいあるんです。そもそも相続税なんてまったくかからないですよというと、「エッ」と驚かれる。悲劇ですよね。だから、まず本当に相続税がかかるのかどうかのシミュレーションもしてみます。

例えば7000万円の資産があり、相続人が妻と子ども2人だとすると、法定相続割合による相続税は112万5000円になる。ただ、果たしてこの金額のために相続税対策だといってアパートを建てる必要があるか、ということ。

では資産が1億円だとどうでしょうか。法定相続割合による一次相続での相続税は315万円になります。例えば最初の相続では妻が全て相続するとしましょう。そうすると配偶者税額控除があるので相続税はゼロになります。ただ、そのままだと今度妻が亡くなったときには770万円の相続税がかかりますから、ここで少し工夫をして、妻が元気なうちに夫が遺した土地に妻名義でアパートを建てるんです。そうすると相続財産評価がぐんと下がるので、妻が亡くなった時の相続税はゼロになり、かつ毎月家賃収入を得られるようになります。もちろん、その計画は慎重にする必要がありますが、情報さえきちんと持っていれば、恐れることはないんです。

不動産のインフォームドコンセントを実践
後進の育成にも力を入れる

「お客様は自分で判断したい。だから、そのための情報をとことん提供するのが不動産のプロなんだ」。それはあたかも医療現場でよく使われる「インフォームドコンセント（十分な説明を受け、正しい知識を得たうえでの合意）」の考え方のようです。
実際山本さんは、インフォームドコンセントを実践する不動産アドバイザーを育てるため、マイハイアーのコンテンツにスタディページを設けたり、営業マンに向けたセミナーの講師を積極的に務めたりと、後進の育成にも余念がありません。

山本さんのインタビューを通じて、マイハイアーを使ったシミュレーションが、不動産オーナーのさまざまな質問に答え、いかに多くの資産形成に役立つかがおわかりいただけたかと思います。

こうしたツールを使い、ハイアークラブでの不動産資産相談の取り組みの一環として始まったのが、新・不動産ネットワークブランド「不動産相続の相談窓口」です。
不動産資産相談のインフォームドコンセントを実践するネットワーク「ハイアークラブ」で培ったノウハウをもとにして地域の地主や資産家の集客・アプローチ方法、セミナーの開催方法、個別の相談対応方法など一連の基本手順を習得するための集中研修や、不動産資産相談をサポートするＡＳＰサービス「マイハイアー」を提供するほか、他会員企業の事例共有などのための講座を開催して全国の会員様を支援してまいります。

あとがき

繰り返しになりますが、日本の家計資産のおよそ7割は不動産資産です。この不動産資産の扱いかた次第で、家族は幸せにもなれるし、不幸にもなります。ところで、不動産を取り扱うとはどういうことでしょうか。今住んでいる自宅、資産活用のために建てたアパートや駐車場、手入れが大変になってきた田畑、昔から親戚に貸している土地……。どのような種別や使い方であっても「不動産」を持っているとしたら、自分がオーナーの間のおもな関心はそれらを使って生活を豊かにすることですが、人生の時間が限られていることを考えれば、いずれは自分以外の誰かに引き継ぐ準備をする必要があります。

自分以外の誰かに不動産を引き継ぐには、売却することで他人を含むだれかに引き継ぐこともできますし、相続によって親族に引き継ぐこともできます。ただ、多くの人にとって不動産は家族の大切な財産であり、できれば親族に引き継ぐことを優先して考えたいのではないでしょうか。その際、配偶者や子どもたちとどのように分け合って引き継ぐかについて、前もってきちんと準備をしていなければ、悩んだりトラブルが生じて困ったりすることになり、それがきっかけで家族が不幸な関係になってしまいかねません。

また、不動産資産をきちんと引き継ぐことは、個人だけの問題ではありません。空き家や管理が行き届かずに借り手の見つからないアパート、草が伸び放題で放置された畑など活用されない不動産が増えれば、地域の美観を損なうばかりか地域の不動産資産全体の価値を下落させる原因ともなります。

一般の生活者は相続について無自覚で無防備です。特に資産の大半を占める不動産資産の取り扱いをどうするかを決める際には、専門的な知識が不可欠で思い込みでコトを進めると思わぬ落とし穴があることについてほとんど備えがありません。それゆえ、相続の際に「相続に詳しい不動産のプロ」に相談すべきという認識は、まだまだ広まっていないのが現実です。

不動産相続の相談窓口

このような現状を考えたとき、不動産事業者から相続の場面に必要なノウハウを持った「相続に詳しい不動産のプロ」がいることを積極的に広めなければならないと考え、新たに事業展開を始めたのが「不動産相続の相談窓口」です。資産を引き継ぐ相続で家族が不幸にならないように、というコンセプトのもと２０１６（平成28）年10月からブランド展開を開始し、半年間で全国70社以上の住宅不動産業者が理念に賛同して参画しています。

住宅・不動産業は、地域の価値に立脚して成り立つ側面が大きな産業でもあります。すでにこの事業に参画する各社は、自社が展開する地域の不動産価値を維持し高めることは家族の幸せと自社の利益になるということを理解している、まさに真の地域密着型事業者と言っても過言ではないでしょう。

「不動産相続の相談窓口」に参画する全国各地の事業者は、ハイアークラブ（１５６ページ参照）で培ってきたノウハウをもとに不動産資産の相談に応じて提案するスキルを磨いているほか、「不動産相続の相談窓口」という看板を掲げて、地域の一般の方々に向けて「相続勉強会」を定期的に開催し「相続に詳しい不動産のプロ」の役割と存在について認知拡大活動を続けています。

彼らは、従来のような建てたら終わり、売ったら終わりというような営業スタイル、情報格差をベースとした自社の利益を重視した営業スタイルを転換しようとしています。地域で信頼を裏切るような仕事をしていては先がないこと、そして地域の不動産資産の価値が目減りしていくことは、自分たちの経営基盤を揺るがすことになるということも知っています。何より、不動産資産を引き継ぐときにトラブルを生まないようにすることは、家族の幸せな暮らしを提供することそのものであるという思いで活動をしています。そして不動産のプロだからこそ、不動産資産の価値が最大限に引き出されるようなアイデアを出すことはもちろん、活用されなくなった不動産があればそれを最適な使い方や持ち方に変えたり、ときにはもっと有効に活用できる人に売却をしたりすることもできるのです。

彼らの活動を通じて、「相続とは不動産の扱いを決めることであり、事前相談には地元を知り尽くした相続に関する知識を持つ不動産のプロが関わるべき」ということが一般の方に少しでも広まり、日本から相続トラブルがなくなり、地域の不動産資産が最適に活用されるようになれば幸いです。

最後になりますが、ハイアークラブの理念に賛同し日ごろからご協力いただいている事業者の皆様、「不動産相続の相談窓口」の展開にご理解ご賛同いただく事業者の皆様に心より感謝を申し上げます。これからも力を合わせ大きな責任感と使命感を持ってともに取り組んでまいりましょう。

矢部智仁

川瀬太志（かわせ・ふとし）

1967年生まれ。慶應義塾大学商学部卒業後、大和銀行（現りそな銀行）に入行し、コーポレートファイナンス業務（審査業務、渉外業務）にあたる。2000年大手経営コンサルティング会社に入社。不動産系関連ＦＣ本部長として100社余りのクライアント企業の業態転換に尽力。2005年ハイアス・アンド・カンパニー株式会社設立に参画、取締役に就任。個人が安心・納得して住宅を購入・運用・売却できる環境づくりに積極的に取り組む。全国で「損しない住宅の選び方・買い方」などのテーマで個人向けの勉強会なども実施している。著書に『資産価値の高い家づくり22の知識』（柿内和徳・共著／幻冬舎メディアコンサルティング）、『トクする家づくり 損する家づくり～人生最大の買い物で後悔しないために賢くマイホームを建てるコツ～』（柿内和徳・共著／ダイヤモンド社）がある。

矢部智仁（やべ・ともひと）

慶應義塾大学経済学部卒業後、株式会社リクルート入社。住宅情報事業部門に配属後、2009年リクルート住宅総研所長として調査研究活動に従事する。2014年ハイアス・アンド・カンパニー株式会社入社、ハイアス総研主任研究員を経て、執行役員に就任。住宅不動産市場の専門家として国土交通省が設置する委員会等の委員を歴任している。

第3章、付録 山本嘉人インタビュー　取材・執筆
殿木真美子（有限会社 デジタルプラネット）

不動産相続の相談窓口　プロジェクトメンバー 一同
顧問・マイハイアー監修
山本嘉人

ハイアス・アンド・カンパニー株式会社
http://www.hyas.co.jp

家族の幸せと財産をつなぐ
不動産コンサルティング

平成29年3月27日　初版発行

著　　者　川瀬太志
　　　　　矢部智仁

発 行 者　中野孝仁

発 行 所　株式会社住宅新報社
出版企画グループ
〒105-0001　東京都港区虎ノ門3-11-15
SVAX TTビル3階（本社）☎03-6403-7806
販売促進グループ
〒105-0001　東京都港区虎ノ門3-11-15
SVAX TTビル3階（本社）☎03-6403-7805
大阪支社
〒541-0046　大阪府大阪市中央区平野町1-8-13
平野町八千代ビル　☎06(6202)8541
ホームページ
http://www.jutaku-s.com/

印刷・製本　株式会社精興社

Printed in Japan
ISBN 978-4-7892-3811-3 C2030